<그리스도인이면 꼭 알아야 할 성경 지식>

"하나님의 왕국"과 "하나님의 교회"

서울솔로몬학교 성경연수원

차 례

이 책에 인용된 성경 구절은 〈한글킹제임스성경〉입니다.

제1과
하나님의 나라와 천국의 역사

『주의 왕국은 영원한 왕국이니 주의 통치가 모든 세대에 지속되나이다』(시 145:13).

"하나님의 왕국"과 "하나님의 교회"

구원받은 그리스도인이라면 당연히 하나님께서 정해 놓으신 질서를 존중해야 한다. 〈세대적 진리〉의 저자 "클라렌스 라킨"은 이렇게 말했다. "성경이 모세의 율법을 한 세대로 보고 예수 그리스도의 은혜를 다른 한 세대로 구분한다면, 우리는 하나님의 질서를 존중하고 하나님께서 나누신 것을 혼합시켜서는 안 될 것이다." 하나님께서 나누셨다면 우리도 나누어야 한다. 주님께서 구분해 놓으신 질서를 제멋대로 섞어 버리고 혼잡케 하는 사람이 있다면, 그는 하나님의 종이 아니며 오히려 죄를 짓는 것이 된다. 왜냐하면 하나님께서는 모든 일을 품위 있게 하시고 질서 있게 하시지만(고전 14:40), 사탄은 "혼란의 창시자"(고전 14:33)이기 때문이다. "하나님의 왕국"과 "하나님의 교회"는 서로 다르다. 다른 것은 결코 같은 것이 아니다!

"왕국"은 물리적이고 눈에 보이지만, "교회"는 영적이며 눈에 보이지 않는다. 다만 유기체로서의 교회가 눈에 보이는 형태로 나타난 것이 바로 "지역 교회"(조직체)이다. 왕국에는 왕이 있어서 예수 그리스도와 왕국은 왕과 왕국의 관계이다. 그러나 예수 그리스도와 교회는 "머리와 몸"(엡 1:22,23, 골 1:18), "신랑과 신부"(계 21:2,9), "남편과 아내"의 관계이다(엡 5:23-32). 물리적인 통치 영역(땅)에서 백성들을 다스리는 실제적이고 정치적인 왕국과 달리, 교회는 현 시대에 통치할 땅도 정치적인 왕국도 소유하고 있지 않다. 다만 교회에게 약속된 천년왕국 통치에 대한 약속은 미래의 재림 때 이루어진다(롬 8:17). 그 대신에 교회는 "하나님의 성전 또는 거처"(엡 2:21), "그리스도의 몸"(엡 1:23), "하나님의 집"(딤전 3:15)으로 불린다. 한편 현 교회 시대에 "왕국이 곧 교회"라고 생각하는 자들을 중심으로 "기독교계"(비정상적인 왕국)가 성경적인 왕국을 흉내 내고 있는데 그 중심에는 "로마카톨릭"이 있다.

"왕국"의 경우 "자녀들"이 있지만(마 8:12), "교회" 그 자체는 자녀들을 갖고 있지 않다. 다만 "하나님의 자녀들"이 있을 뿐이다(롬 8:16). 왕국은 세상의 기초가 놓인 이래로 준비된 반면(마 25:34), 교회는 그 기초가 놓이기 전에 이미 계획되어 있었다(엡 1:4). 한편 구약에서 지속적으로 "예언된" 왕국과 달리, 교회는 다른 시대들에서는 전혀 알려지지 않은 "감추어진 신비"였고(벧전 1:9-12), 이 신비가 "이방인들의 사도"로 세워진 바울을 통해 계시되었다(엡 3:1-11). 하지만 왕국은 결코 신비가 아니었다. 다만 교회 시대에 왕국이 연기되면서 신비적인 형태로 감추어져 있을 뿐이다(마 13장). 그러나 이 왕국은 예수 그리스도의 재림 때 다시 역사의 전면에 드러나게 된다. 인류의 역사 속에 다시 등장할 때, 왕국은 "한 번에 갑자기" 세워질 것이다(set up, 단 2:44). 후(무)천년주의자들이 주장하듯이, 인간 또는 교회의 힘을 통해 "점진적인 방식"으로 발전되거나 건설되는 것이 아니다. 재림 때 진정한 왕이신 주 예수 그리스도께서는 모든 이방 왕국들을 단번에 멸하시고 의로운 왕국을 세우실 것이다. 반면에 교회는 천천히 세워져 가는데, 모퉁잇돌이신 예수 그리스도 안에서 하나의 건축물처럼 차근차근 세워져 가고(엡 2:20-22), 구원받은 성도들 하나하나가 살아 있는 돌들로서 영적인 집으로 지어져 가는 것이다(built up, 벧전 2:5).

"왕국"은 왕국이 임하도록 간구하고(마 6:10), 또 받아들일 수 있는 속성이 있다(마 11:12-14). 왜냐하면 하나님께서 그 왕국을 받을 만한 사람에게 주시는 것이기 때문이다(cf. 눅 19:12). 그러나 교회는 그것이 임하도록 간구할 수 없다. 교회는 이미 누가 간구하지 않아도 사도행전 2장에서 성령께서 오심으로써 시작되었기 때문이다. 만일 초청을 해야 한다면 오히려 그리스도께서 죄인들을 초청하신다. 또한 교회를 받아들일 수도 없다. 오히려 교회가 사람들을 받아들이는 것이며, 이미 형성되어 있는 그리스도의 몸 된 교회 안으로 구원받은 사람들이 들어가는 것이다.

"왕국"은 물리적인 유업으로서의 속성이 있기 때문에 그것을 상속하는 사람들이 있지만(약 2:5), "교회"는 유업의 개념과 무관하므로 그것을 상속한다고 말할 수 없다. 교회는 휴거되고 심판을 받으며(그리스도의 심판석) 혼인할 수 있지만(어린양의 혼인식), 왕국에는 그런 속성이 없고 영원히 세워질 뿐이다. 왕국은 왕국 복음 및 왕국 시대의 경륜과 관계되지만, 교회는 은혜의 복음 및 교회 시대의 경륜과 관계된다. 그러므로 왕국으로 들어가기 위해서는 반드시 믿음과 인내의 행위가 필요하지만, 교회 안으로 들어가기 위해서는 믿음만 있으면 된다.

"어거스틴"의 책 〈하나님의 도성〉이 출간되었을 때, 가증스러운 이단 교리 "후천년주의"의 누룩은 급속도로 퍼져 나갔다. 하나님의 도성이라 불릴 수 있는 대상은 하늘의 새 예루살렘과 지상의 예루살렘인데, 어거스틴과 그의 후예들은 이 둘을 구분하지 못하는 가운데 이렇게 말했다. "진정한 예루살렘은 하늘에 있다. 그런데 '하늘의 뜻이 땅에서도 이루어지이다.'라고 했으니, 이 땅에서도 하나님의 뜻대로 신정 국가를 세워야 한다. 그 일을 교회를 통해 이루어야 하는 것이다."

결국 그것은 교회와 국가의 불의한 결탁을 가져왔고, 역사적으로 "이단 사냥"이라는 미명 아래 성경대로 믿는 사람들을 향한 "피의 대학살"로 이어졌다. 왕국과 교회를 구분하지 못한 무지가 가져온 비극이었다. 이런 무지의 잔재가 오늘날까지도 이어져서 "영적 대학살"이 곳곳에서 일어나고 있는데, 수많은 소경들이 수많은 소경들을 따라 지옥의 불구덩이로 빠지고 있는 것이다.

"천국"과 "하나님의 나라"

성경의 주제는 "왕국"이다. 성경에는 "네 종류의 왕국"이 등장하는데, "천국"(Kingdom of Heaven)과 "하나님의 나라"(Kingdom of God)와 "천년왕국"(Millennial Kingdom)과 "하늘나라"(Heavenly Kingdom)이다. 이상 "네 종류의 나라"는 모두 하나님께서 직접 다스리시고 통치하시는 왕국이다. 이 외에도 "세상의 모든 나라들"(눅 4:5, 계 11:15), 곧 "인간의 왕국들"(단 4:32)이 있는데, 이러한 이방 왕국들 역시 하나님께서 그분의 섭리적인 주관 속에서 통제하시지만 "직접" 다스리시지는 않는다. "천국"은 눈에 보이는 물리적인 왕국인 반면, "하나님의 나라"는 눈에 보이지 않는 영적인 왕국이다. "천년왕국"은 이 두 나라가 합쳐져서 형성되는 왕국이고, "하늘나라"는 성도들이 죽은 후에 그 혼이 들어가는 셋째 하늘을 가리킨다.

1. 천국(Kingdom of Heaven)

"천국"은 마태복음에서만 33회 나오는 용어로서 글자 그대로 이 땅에 세워질 "<u>**문자적인 왕국**</u>"이다. 손으로 만질 수 있는 "<u>**물리적인 왕국**</u>"이고, "<u>**눈에 보이는 가시적인 왕국**</u>"이다. 또한 "<u>**실제적인 왕국**</u>"이기에, 왕이 실제적인 몸을 입고 다스리며, 백성들도 실제 물리적인 몸을 입고 이 왕국으로 들어가서 산다. 실제적인 왕국이기에 이 왕국에서는 식탁에 앉아 먹고 마실 수 있다. 『**너희가 나의 왕국에서 내 식탁에서 먹고 마시며 또 보좌에 앉아서 이스라엘의 열두 지파를**

심판하게 하리라』(눅 22:30). 천국은 이 땅에 세워지는 "지상 왕국"으로서 땅에 속한 왕국이다. 『**예수께서 그들에게 말씀하시기를, "진실로 내가 너희에게 말하노니, 나를 따르는 너희들은 인자가 자기 영광의 보좌에 앉을 새 세대에, 너희도 열두 보좌에 앉아 이스라엘 열두 지파를 심판하리라. 누구든지 내 이름을 위하여 집이나, 형제나, 자매나, 아버지나, 어머니나, 아내나, 자식이나, 토지를 버린 사람은 일백 배로 받을 것이요 또 영생을 상속받으리라』**(마 19:28,29). 여기에서 집이나 토지에 대한 언급이 나오는데, 이것은 천국이 땅에 속한 왕국임을 보여 준다.

또한 천국은 정부와 보좌를 갖춘 "정치적인 왕국"이다. 『**이는 우리에게 한 아이가 태어났고 우리에게 한 아들이 주어졌음이니, 정부가 그의 어깨 위에 있을 것이요, 그의 이름은 경이로운 분이라, 상담자라, 능하신 하나님이라, 영원하신 아버지라, 화평의 통치자라 불리리라. 그의 정부와 화평의 증가함이 다윗의 보좌와 그의 왕국 위에 바르게 세워지고, 지금부터 영원까지 공의와 정의로 그것을 굳게 세우는 데 끝이 없으리라. 만군의 주의 열성이 이것을 실행하시리라』**(사 9:6,7). 천국은 먼저 초림 때 메시아를 기다리던 유대인들에게 주어졌는데, 당시 그들이 "천국에 들어갈 수 있는 조건"은 예수 그리스도를 자신의 구주로 믿고 들어간다든지 거듭나서 들어가는 것이 아니었다. **오직 회개하고 예수 그리스도를 그들의 왕이자 메시아로 받아들일 때 들어갈 수 있었다.**

2. 하나님의 나라(Kingdom of God)

"하나님의 나라"는 성경 전체에서 70회 등장하는데, 누가복음에서만 33회 나온다. 하나님의 나라는 천국과 달리 "**영적인 왕국**"으로서, 영이신 하나님께서(요 4:24) 영적으로 다스리시는 나라이다. 하나님께서 왕으로서 다스리시지만 실제적인 몸을 입고 다스리시지는 않는다. 그래서 성경은 『**하나님의 나라는 먹**

고 마시는 것이 아니라 다만 성령 안에서 의와 화평과 기쁨이라.』(롬 14:17)라고 말씀하는데, 영적인 나라이기 때문에 "먹고 마실 수가 없는" 왕국이다. 또한 영적인 나라이기 때문에 "눈으로 볼 수도" 없다. 『**주께서 언제 하나님의 나라가 오겠느냐는 바리새인들의 질문을 받고 그들에게 대답하여, 말씀하시기를 "하나님의 나라는 볼 수 있게 오는 것이 아니니라. 또 사람들이 '보라, 여기 있다!' 또는 '보라, 저기 있다!'고도 말하지 못하리니, 보라, 이는 하나님의 나라가 너희 안에 있기 때문이라."고 하시더라**』(눅 17:20,21). 이 구절들에서 보듯이 하나님의 나라는 눈으로 볼 수 없을 뿐만 아니라 사람들 안에 존재하는 "**내적인 왕국**"이다. 그래서 구원받은 성도들이 하나님의 나라 안으로 들어가기도 하지만, 그와 동시에 그 나라가 성도들 개개인 안에 존재할 수도 있다.

또한 하나님의 나라는 정부나 보좌가 언급되지 않는 "**비정치적인 왕국**"이다. 그리고 중요한 사실이 있는데 현 교회 시대에 죄인들이 구원을 받고 하나님의 나라에 들어가기 위해서는 십자가에서 피를 흘려 죽으시고 장사된 지 3일 만에 부활하신 예수 그리스도를 믿고 "**성령으로 거듭나야**" 한다. 죽었던 영이 성령으로 다시 태어나야 들어갈 수 있는 것이다. 『**예수께서 대답하시기를 "진실로 진실로 내가 너에게 말하노니, 사람이 물과 성령으로 태어나지 아니하면 하나님의 나라에 들어갈 수 없느니라. 육신으로 난 것은 육이요, 또 성령으로 난 것은 영이니라. 내가 너에게 '너희는 거듭나야만 한다.'고 말한 것을 이상히 여기지 말라. 바람이 임의로 불어서 네가 그 소리를 들어도 어디서 와서 어디로 가는지 알지 못하듯이 성령으로 난 사람은 모두 그와 같으니라."고 하시더라**』(요 3:5-8). 성경은 하나님의 나라를 가리켜 『**아들의 나라**』(골 1:13)라고도 말씀하는데, 구원받은 성도라면 누구나 흑암의 권세에서 "아들의 나라"인 "하나님의 나라"로 이미 옮겨진 사람이다(골 1:13). 그래서 거듭난 그리스도인은 현재 이 세상에서 살고 있지만, 그와 동시에 이 세상에 속하지 않는 또 하나의 나라, 즉 "하나님의 나라"에 속해 있는 것이 된다.

"하나님의 나라"와 "천국"의 역사

1. 첫 번째 왕 "루시퍼"(Lucifer)

왕국의 역사는 "세상의 기초가 놓인 이래로" 시작되었다(마 25:34). 곧 태초에 하나님께서 하늘과 땅을 창조하셨을 때(창 1:1) 시작된 것이다. 영원하신 하나님께서는 최초의 우주를 만드셨고 그 안에 속해 있는 모든 것들을 창조하셨다. 그리고 하나님께서 만드신 모든 피조물은 주님께 경배하고 찬양을 드리며 그분의 말씀에 복종했다. "영광의 왕"(시 24:7-10)이신 하나님께서는 그분의 왕권과 통치권을 그분의 피조물에게 위임하기도 하시는데, 이에 그분의 창조 세계와 왕국을 다스릴 한 "왕"을 세우셨으니, 그가 바로 "다섯 번째 그룹"인 "루시퍼"였다(사 14:12-15, 겔 28:11-19, 마 4:8,9, 눅 4:6).

"루시퍼"는 "바벨론 왕"(사 14:4)과 "투로 왕"(겔 28:12)으로 묘사되는 존재로서 『**이 세상의 신**』(고후 4:4)과 『**이 세상의 통치자**』(요 12:31; 14:30; 16:11)로 불린다. 한때 루시퍼에게는 하나님께서 주신 "보좌"(사 14:13)가 있었다. 또한 "기름부음을 받은 덮는 그룹"(겔 28:14)이었는데, "기름부음을 받았다"는 것은 그가 "또 하나의 그리스도"임을 보여 준다. 만왕의 왕이신 예수 그리스도를 흉내 내고 대적하기 위해 장차 "환란 기간"에 등장할 "적그리스도"(Antichrist)인 것이다.

"첫 번째 창조 세계"에서 "루시퍼"는 하나님으로부터 왕권을 위임받아 "물리적인 왕국"(천국)과 "영적인 왕국"(하나님의 나라)의 왕으로서 수많은 영적인 존재들 위에 군림하고 있었다. 아마도 오늘날의 "지구"(땅)가 그 왕국의 수도였을 것이다. 그러나 교만하여 타락해 버린 그가 하나님을 대적하고 반역했으니, 자신의 보좌를 하나님의 보좌보다 더 높이려 했던 것이다. 『**내가 하늘에 올라**

가서 내가 내 보좌를 하나님의 별들보다 높일 것이요, 내가 또한 북편에 있는 회중의 산 위에 앉으리라. 내가 구름들의 높은 곳들 위로 올라가, 내가 지극히 높으신 분같이 되리라』(사 14:13,14). 이에 하나님께서는 왕국의 본거지인 "지구"를 포함해서 죄로 가득 찬 온 우주를 물로 심판하셨고(창 1:2), 타락한 "루시퍼"에게서 왕의 자리를 박탈하셨다. 천국과 하나님의 나라의 왕관을 박탈하신 것이다.

2. 최초의 인간 왕 "아담"(Adam)

전 우주를 물로 심판하신 하나님께서는 우주를 새롭게 "재창조"하셨는데(창 1:3-2:3), 이 "두 번째 창조 세계"를 통치할 새로운 왕을 만드셨으니, 그가 바로 "첫 사람 아담"(고전 15:45)이었다. 『**하나님께서 그들에게 복을 주시고 하나님께서 그들에게 말씀하시기를 "다산하고 번성하며 땅을 다시 채우고 그것을 정복하라**[subdue]. **그리고 바다의 고기와 공중의 새와 땅 위에서 움직이는 모든 생물을 다스리라**[have dominion]." **하시니라**』(창 1:28, "에덴의 언약"). 이것은 "왕권 위임 명령"으로서, 하나님께서는 아담을 영광과 존귀로 관을 씌우셨고 만물을 그에게 넘기시어 그의 발아래 복종하게 하셨다(히 2:7,8). "아담"은 하나님의 형상대로 창조된(창 1:26,27) "하나님의 아들"(눅 3:38)이었기에 "영적인 왕국"의 왕관을 쓸 수 있었고, "에덴의 언약"에 따라 실제적인 땅을 다시 채우고 정복하고 다스리는 왕으로서 "물리적인 왕국"의 왕관도 쓸 수 있었다. 이렇게 함으로써 인간을 통해 이 땅을 통치하시려는 왕국에 관한 하나님의 계획이 처음으로 시작되었다.

그러나 "사탄"(루시퍼)은 박탈당한 왕권을 찬탈하기 위해 여자를 통해 "아담"에게 접근했고, "아담"은 "선과 악의 지식의 나무"에서 나는 열매를 먹지 말라고 명령하신 하나님의 말씀에 불순종하여 죄를 짓고 타락해 버렸다. 이때 "아담"은 "영"이 죽음으로써 하나님의 형상을 잃어버렸는데, 그 결과 영적인 왕국의 왕관을 박탈당하고 말았다. 또한 하나님께서 "아담의 언약"을 통해 내리신 저주에 따라 땅이 "아담"(인간)의 말에 복종하지 않게 되었으니, 땅은 엉겅퀴와 가시를 냈고, "아담"은 땅에서 양식을 얻기 위해 땀을 흘리며 평생 수고해야 했다(창 3:17-19). 이것은 땅을 다스릴 수 있는 물리적인 통치권이 "아담"에게서 떠났음을 보여 주는데, 곧 땅에 속한 물리적인 왕국의 왕관도 박탈당한 것이다.

"아담"이 박탈당한 "천국"의 왕관은 루시퍼에게로 넘어갔는데, 이는 『**누구든지 정복을 당하면 그는 정복한 자의 종이**』(벧후 2:19) 되어야 하기 때문이다. 그래서 사탄은 초림 당시 예수 그리스도를 시험했을 때 감히 『**그것[왕국]이 나에게 넘겨졌으므로 내가 원하는 자에게 줄 수 있느니라.**』(눅 4:6)라고 말했던 것이다. 반면에 "하나님의 나라"의 왕관은 "반역하고 타락한" 루시퍼도 취할 수 있는 자격이 없었기에, 하나님께서는 그 왕관을 이 땅에서 아예 가져가 버리시고 그 누구에게도 위임하지 않으셨다. **다시 말해 그 이후로는 이 땅에 "하나님의 나라"가 더 이상 존재하지 않게 되었으니, "하나님의 형상"이신 예수 그리스도께서 나타나셔서 그 형상을 회복시켜 주실 때까지는 이 땅에 존재할 수 없게 된 것이다**. 따라서 예수 그리스도께서 오실 때까지는 "인류의 역사"가 오직 "물리적인 왕국"(천국)의 역사로만 진행이 된다.

3. 세 번째 왕 "노아"(Noah)

최초의 인간인 "아담"이 타락한 이후 온 세상은 더욱 악으로 치달았는데, 결국 "전 지구적인 홍수"를 통해 하나님의 심판을 받고 말았다. 이후 하나님께서는 당대에 사탄에게 정복당하지 않은 "의인이자, 완전한 사람이요, 하나님과 동행했던" "노아"를 왕으로 세우시고, 그에게 "노아의 언약"을 통해 "물리적인 왕권"을 위임하셨다. 『**하나님께서 노아와 그의 아들들에게 복을 주시며 그들에게**

말씀하시기를 "다산하고 번성하여 땅을 다시 채우라. 너희를 두려워함과 너희를 무서워함이 땅의 모든 짐승들과 공중의 모든 새들과 땅 위에서 움직이는 모든 것들과 바다의 모든 고기들에게 미치리니, 그들이 너희 손에 넘겨졌음이라』 (창 9:1,2).

그러나 "노아" 역시 "아담"처럼 실패하고 말았으니, 포도주에 취하여 벌거벗었고 그의 아들 "함"으로 하여금 죄를 짓게 하는 빌미를 제공했다(창 9:21-24). 그 결과 "함"의 아들 "카나안"이 함족을 대표로 저주를 받았고(창 9:25), "함"의 후손 중에 "님롯"이 등장하여 시날 땅에 그의 왕국을 세웠는데(창 10:6-12), 그는 사탄의 한 유형으로서 하나님을 대적하여 "바벨탑"을 쌓았다. 이에 하나님께서는 언어를 혼란시키심으로써 그들의 죄에 대해 심판하셨다. 결국 "노아"의 죄로 인해 물리적인 왕국의 왕관은 그가 굴복한 "사탄"에게 넘어가고 말았다.

4. 네 번째 왕 "아브라함"(Abraham)

"바벨탑 사건" 이후 하나님께서는 더 이상 인류 전체를 상대로 하시지 않고, "한 민족"만을 선택하셔서 그 민족을 특별하게 다루셨다. 그리고 그 민족의 조상으로 한 사람을 선정하셔서 왕으로 세우셨는데, 그가 바로 "아브라함"이었다. 그는 왕들을 다스릴 "동방의 의인"으로도 불렸으며(사 41:2,8,9), 그의 후손과 집안 식구들에게 "정의와 공의를 행하라"고 명령해야 했다(창 18:19). 특히 하나님께서는 "아브라함"에게 물리적인 왕국의 "영토"를 구체적으로 약속하셨고(창 15:18-21), 『**네게서 왕들이 나오게 하리라.**』(창 17:6)라는 약속도 해 주셨다. 이렇게 함으로써 "아브라함의 언약"이 맺어졌으니, 그는 명실공히 "천국"의 왕이 된 것이다. **이때부터 하나님께서는 "아브라함"에게서 나올 "이스라엘 민족"을 통해 그분의 "신정 통치 왕국"(천국)을 이루어 나가셨다.**

한편 "아브라함"에게 주어진 언약은 "이삭," "야곱," "요셉" 등의 족장들을 통해 이어져 나갔고, "아브라함"에게 주어진 물리적인 왕국 역시 그들을 통해 이어져 갔다. 특히 "야곱"은 "이스라엘"이라는 새로운 이름을 얻었는데, 그 이름은 "통치자"와 연관이 있는 이름이었다. **『네 이름이 더 이상 야곱이라 불리지 아니할 것이요, 이스라엘이라 불리리라. 이는 네가 통치자로서 하나님과 사람들과 더불어 겨루어 이기었음이니라』**(창 32:28). 특히 "야곱"의 열두 아들, 곧 이스라엘의 열두 지파 중에서 "유다 지파"가 "왕의 지파"로 부상했다. **『유다야, 너는 네 형제들이 찬양할 자라. 네 손이 네 원수들의 목을 잡을 것이요 네 아비의 아들들이 네 앞에서 절하리라. 유다는 사자의 새끼로다. 내 아들아, 네가 먹이를 놓고 올라갔구나. 그는 몸을 구부리고 웅크림이 사자 같고, 늙은 사자 같으니, 누가 그를 성나게 하리요? 홀이 유다에게서 떠나지 않을 것이며 실로가 오실 때까지 입법자가 그의 발 사이에서 떠나지 아니하리니, 그에게 백성의 모임이 있을지어다』**(창 49:8-10). 그러나 그러한 "족장들의 시대"가 끝나갈 무렵에, 통치자 "야곱"과 그의 아들들은 심한 기근으로 인해 하나님께서 내려가지 말라고 경고했던 이집트로 내려갔고, 이후 그들은 이집트인들의 지배 속에서 400년 동안 노예 생활을 하게 되었다.

5. 다섯 번째 왕 "모세"(Moses)

이집트에서 노예로 전락해 버린 이스라엘은 "영광의 탈출"(출애굽)을 하게 되었는데, 그제야 비로소 이스라엘은 "하나의 민족, 하나의 국가"로 탄생할 수 있었다. 이를 위해 하나님께서는 한 명의 "위대한 구원자"를 세우시고 그에게 물리적인 왕권을 부여하셨으니, 그가 바로 "모세"였다. 그는 "여수룬의 왕"(신 33:5)으로도 불렸으며, "모세의 언약"에 따라 "제사장들의 왕국"(출 19:6)을 광야에서 이끌었다. 한편 이스라엘 민족이 "제사장들의 왕국"의 지위와 특권을 유지하기 위해서는 "율법"을 온전히 지켜야 했는데(출 19:5,6), 이 율법은 이스라엘 왕국의 "통치 기틀"이 되었다.

기본적으로 물리적인 왕국인 천국 역사의 무대는 이 땅이고 인류 전체를 대상으로 한다. 그러나 하나님께서는 그 물리적인 왕국을 확장시키는 데 있어서 이스라엘 민족을 총체적으로 부르시고 그들을 중심으로 하는 신정 통치 국가를 수립하셨다. <u>그래서 이후로는 물리적인 왕국이 철저하게 "유대인 중심"으로 흘러가게 된다</u>. 이런 역사적인 흐름 속에서 사탄은 그 왕권을 다시 찬탈하기 위해 이스라엘 민족을 집요하게 공격했다. 그러한 공격은 환란 시대까지 이어지고, 사탄의 육화한 존재인 "적그리스도"에 의해 절정에 달하게 된다.

6. "여호수아"(Joshua)와 "재판관들"(Judges)

"모세"가 죽은 이후 하나님께서는 그분의 백성들을 "여호수아"를 통해 약속의 땅으로 인도하셨고, 그 이후에는 여러 명의 "재판관들"을 통해 그분의 신정 통치 왕국(천국)을 다스리셨다(판 2:16). "여호수아"는 "모세" 이후로 자격을 갖춘 왕이었지만, "재판관들"은 그렇지 못했다. 그래서 "재판관들"의 시대는 "왕이 없는 공백 기간"이었다. 『**그 당시에 이스라엘에 왕이 없었으니 사람마다 자기 눈에 옳은 대로 행하였더라**』(판 21:25). 한편 "재판관들" 중에는 신실하지 못한 자들도 있었고, 특히 "재판관들"이 죽고 나면 이스라엘 백성은 또다시 우상 숭배에 빠졌다. 결국 "재판관들"을 통해서도 "물리적인 왕국"(천국)이 완성되지 못한 것이다.

이러한 역사적인 현실 앞에 백성들은 하나님을 거역하여 "왕"을 요구하기에 이르렀으니, 마지막 재판관 "사무엘"의 때에 그렇게 한 것이다(삼상 8:6,7,19,20). 그 결과 "사울"이 왕이 되었지만, 그는 하나님께서 세우신 왕이 아니었다. 그는 백성들이 자기들의 왕이신 하나님을 거절하고 이방 민족들처럼 왕을 구한 결과로 세워진 "불법적인 왕"으로서, 천국에 대한 하나님의 계획을 망가트리기 위해 사용된 "사탄의 완벽한 도구"였던 것이다. 결국 사울은 하나님께 버림받고 비참한 말로를 맞았다.

7. 하나님의 마음에 맞는 왕 "다윗"(David)

이제 "사울"이 죽고 하나님의 마음에 맞는 왕이 보좌에 올랐으니, 그가 바로 "다윗"이었다. 그는 베냐민 지파에 속해 있던 "사울"과 달리 "왕의 지파," 곧 "유다 지파"에 속한 사람으로서, 이스라엘 왕국의 "진정한 왕"의 자격을 갖춘 최초의 왕이었다. 특히 하나님께서는 "다윗"에게 "영원한 왕국"을 약속하셨는데, 이것이 바로 "다윗의 언약"이다. **『네 날들이 차서 네가 네 조상들과 함께 잠들 때, 내가 네 몸에서 나올, 곧 네 뒤에 올 네 씨를 세우고, 내가 그의 왕국을 견고하게 하리라. 그가 내 이름을 위하여 한 집을 지을 것이요, 나는 그의 왕국의 보좌를 영원히 견고하게 하리라... 네 집과 네 왕국이 네 앞에서 영원히 세워지리라. 네 보좌가 영원히 세워지리라』**(삼하 7:12,13,16). 다시 말해 "다윗" 이후에 등장하게 될 어떤 왕도 "다윗의 보좌의 정통성"을 지니고 있지 않으면, 물리적인 왕국의 왕관을 이어받을 수 없는 것이다. 그래서 "예수 그리스도"께서는 초림 당시에 "다윗의 아들"로 탄생하셨고(마 1:1), 예루살렘에 입성하실 때도 **『다윗의 아들에게 호산나!』**(마 21:15)라고 하는 백성들의 환호 속에 찬양을 받으셨다. 그러나 "다윗"도 실패한 적이 있었으니, "밧세바"와 간음했고 그녀의 남편 "우리야"를 죽인 것이다. 그 결과 하나님께서는 "다윗"에게 그의 집에서 칼이 떠나지 않을 것이라는 심판을 내리셨다(삼하 12:10).

8. 왕국의 붕괴

"다윗 왕"이 죽고 "솔로몬"이 보좌에 오르면서 잠깐이나마 하나님께서 계획하신 "물리적인 왕국"이 『**아버지의 왕국이 임하시오며, 아버지의 뜻이 하늘에서와 같이 땅에서도 이루어지이다.**』(마 6:10)라는 말씀처럼 이 땅에서 완성되는 것처럼 보였다. 하지만 그것은 말 그대로 잠시뿐이었고, 곧이어 사탄의 반격이 시작되더니 "솔로몬"은 이방 여인들을 가까이하는 죄를 짓고 우상 숭배의 길을 열게 되었다. 그리고 그의 아들 "르호보암" 때에 이르러서는 왕국이 분열되었고, "천국"은 남왕국 유다, 곧 유다와 베냐민 두 지파에만 한정되고 말았다. 열 지파로 구성된 북왕국 이스라엘은 왕국이 분열되자마자 "여로보암의 금송아지 숭배"로 인해 떨어져 나가 버린 것이다. 그들은 B.C. 721년에 "앗시리아"에 의해 멸망할 때까지 금송아지 숭배에서 벗어나지 못했다.

남왕국 유다도 급속도로 와해되어 갔는데, 몇몇 왕들(아사, 여호사밧, 웃시야, 히스키야, 요시야 등)을 통한 개혁이 있었지만, "인간 붕괴의 법칙"에 따라 역사는 흘러갔고, 왕국은 B.C. 606-587년에 세 차례에 걸친 바빌론의 침공으로 붕괴되고 말았다. 특히 남왕국 유다의 마지막 왕 "시드키야" 바로 직전의 왕인 "여코냐"(여호야킨, 코니야)의 때에 이르러서는 그 "씨"가 저주를 받기까지 했다. 『**주가 이같이 말하노라. 너희는 이 사람이 자식이 없겠고 그의 평생에 번성치 못할 사람이라고 쓰라. 이는 그의 씨에서는 아무도 번성치 못하며 다윗의 보좌에 앉아 유다를 다스릴 자가 더 이상 없을 것임이라**』(렘 22:30). 왕국이 멸망한 이후 70년간의 포로 시대를 거치면서 선지자들은 그 이전과 마찬가지로 "메시아의 오심"에 관해 끊임없이 예언했고, 백성들은 그 "메시아 왕"을 줄곧 기다렸다. 왜냐하면 그 "메시아 왕"은 그들 민족의 해방자일 뿐만 아니라 이방의 왕국들을 멸망시키고 완전한 "천국"을 세우실 유일한 분이었기 때문이다(단 2:44).

이스라엘을 통한 "신정 통치 왕국"의 역사는 모세로부터 여호수아, 재판관들의 시대(450년)를 지나 사울(40년), 다윗(40년),

솔로몬(40년)으로 이어졌고, 왕국의 분열 이후에는 왕국이 급속도로 와해되면서 남왕국 유다의 여러 왕들의 시대를 거쳐 내려오다가, 결국 이스라엘 왕국은 시드키야 때에 완전히 멸망하고 말았다. 말하자면 아담이 타락한 결과 "영적인 왕국"인 "하나님의 나라"가 이 땅에서 완전히 사라진 이후에, 이 "물리적인 왕국"인 "천국"마저도 그 범위가 계속 축소되더니만[루시퍼(우주) ➠ 아담(지구) ➠ 노아(지구) ➠ 아브라함(한 민족) ➠ 모세(한 민족) ➠ 르호보암(남왕국 유다)], 급기야 B.C. 606년에 "이방인들의 때"가 시작되면서 이 땅에서 완전히 사라져 버린 것이다. "이방인들의 때"는 이방인들에 의해 "예루살렘이 짓밟히는 기간"(눅 21:24)이다. 이 기간의 문을 처음으로 열어젖힌 장본인은 바빌론의 "느부캇넷살"로서, 그는 세계 최초로 전 세계적인 통치권을 위임받은(단 2:37,38) 이방인 왕이었다. 이제 70년간의 바빌론 포로 생활과 남왕국 유다의 귀환을 거쳐 신구약 중간사를 지나 "침례인 요한"이 유대 광야에 등장할 때까지 약 400년간의 긴 침묵의 시간이 흘러갔다.

9. 진정한 왕이신 "예수 그리스도"의 등장

초림 당시 왕의 선두주자인 "침례인 요한"이 침묵을 깨고 "왕국"을 선포했으니, "시드키야" 이후에 이 땅에서 잠시 사라졌던 바로 그 "물리적인 왕국"을 다시 선포한 것이다. 『**너희는 회개하라. 천국이 가까이 왔느니라**』(마 3:2). 그런 가운데 구약 시대에 줄곧 예언되어 왔던 "메시아 왕"께서 등장하셨으니, 그분이 바로 "예수 그리스도"이셨다. 주님께서는 자신을 "천국의 왕"이자, "하나님의 나라의 왕"으로 제시하셨다. 『**회개하라, 천국이 가까이 왔느니라**』(마 4:17). 『**그 때가 찼고 하나님의 나라가 가까이 왔도다. 너희는 회개하고 복음을 믿으라**』(막 1:15).

"예수 그리스도"께서는 "다윗의 아들"로서 왕의 보좌에 앉으실 권리가 있는 "합법적인 왕"이셨다. 특히 "인자"(여인에게서 태어난 "사람의 아들")로서 "**천국의 합법적인 상속자**"이신데, 이 땅의 왕국은 첫 번째 사람인 아담에게 주어진 것이었기 때문이다. 동시에 "하나님의 아들"(성령으로 태어난 "하나님의 아들")로서 "**하나님의 나라의 왕관을 합법적으로 취하실 수 있는 유일한 사람**"이셨으니, 이는 영적이고 도덕적인 의의 왕국은 아담이 범죄함으로써 그의 영이 죽었을 때 이 땅에서 사라져 버렸기 때문이다! 다시 말해 하나님의 형상이신 예수 그리스도께서는 아담이 잃어버린 두 왕국의 왕관을 모두 차지하시고, 또 회복하시기 위해 오신 소위 "아담 2세," 곧 "마지막 아담"(고후 15:45)이신 것이다. 한편 "예수 그리스도"께서는 왕으로서의 진정한 자격을 갖추시기 위해 "아담"이 실패했던 그 "시험의 자리"에서 시험을 이기시고 승리하셔야 했다. 한편 "사탄"은 최초의 인간 왕 "아담"을 패배시킨 경험이 있지만, "마지막 아담"이신 "예수 그리스도"를 이기지는 못했다. 그 결과 왕국의 진정한 상속자이신 "예수 그리스도"께서는 이 시험을 통과하시고 두 개의 빛나는 왕관, 곧 "물리적인 왕국"(천국)의 왕관과 "영적인 왕국"(하나님의 나라)의 왕관을 가지고 시내산에서 내려오셨다.

이제 "예수 그리스도"께서 왕의 대관식을 치르실 분위기가 무르익어 갔지만, 왕국의 백성들인 유대인들이 왕을 거절하는 사태가 발생하고 말았다. 왕국은 그 백성들이 거절하면 임할 수 없었다. 왜냐하면 하나님께서 아브라함을 선택하신 이래로 "무조건적인 언약"(아브라함의 언약)에 따라 "물리적인 왕국"을 그에게 주셨고, 또 그 왕국이 지상에 실제로 도래할 때까지 "아브라함의 할례 받은 씨"를 통해서만 전수될 것이라고 약속하셨기 때문이다. 이렇듯 자기 백성에게 오신 메시아 왕께서 자기 백성에게 거부되자(요 1:11; 19:14-16), 하나님께서는 이 두 왕국 모두를 유대인들에게서 빼앗으셨다. 그런 다음 "영적인 나라"인 "하나님의 나라"는 이 땅에 남겨 두시면서 "십자가 사건 이후," 곧 "예수 그리스도께서 부활하시고 승천하신 다음 성령 하나님께서 이 땅에 오신 이후" 예수 그리스도를 믿고 거듭난 성도들은 그 누구라도, 즉 유대인들뿐만 아니라 이방인들까지도 이 영적인 나라로 들어올 수 있게 하셨다. 이에 반해 "물리적인 왕국"인 "천국"은 "유대인의 왕"이시자, "만왕의 왕"이신 "주 예수 그리스도"께서 영광스러운 재림으로 이 땅에 다시 나타나실 때까지 연기되고 말았다. 그날이 올 때까지 "천국"은 이 땅에서 사라지고 "신비스러운 형태"로 감추어지고 말았는데(마 13장, "천국의 신비들"), "예수 그리스도"께서 재림하셔서 지상에 "천년왕국"을 이루실 때에야 비로소 "천국"은 제대로 된 모습을 갖추게 될 것이다. **따라서 현 교회 시대에는 "하나님의 나라"만 있고 "천국"은 감추어져 있다.**

10. 가짜 왕국과 사탄의 왕국

현 교회 시대에 감추어져 버린 "천국"을 흉내 내는 "가짜 왕국"이 등장했으니, 곧 "기독교계"(Christendom)이다. 이것은 사탄이 만들어 낸 "모조품 왕국"으로서, 그 중심에는 "신비의 바빌론"이라 불리는 "로마카톨릭"이 있으며, 그들의 수장은 "교황"이다. 이제 교회 시대가 끝나고 "그리스도의 몸"인 "교회"가 휴거되고 나면 이 땅에는 "환란 시대"가 도래할 것인데, 이 기간에 사탄은 육화한 존재로서 세상 전면에 등장할 것이다. 그가 바로 "적그리스도"이다.

"적그리스도"는 "죄의 사람"(살후 2:3)과 "멸망의 아들"(요 17:12, 살후 2:3)로 불리며 "우상 목자"(슥 11:17)로도 불린다. 또한 "비열한 사람"으로도 불릴 것인데, 이는 그가 평화롭게 예루살렘으로 진입하여(단 11:21) 그곳을 수도로 삼아 "가짜 왕국"인 "적그리스도의 왕국"을 세울 것이기 때문이다. 그리고 이스라엘의 희생제와 예물을 금지시키고 가증함을 확산시킴으로써 성전을 황폐화시킬 것이고(단 9:27), 자기가 직접 지성소에 앉아 온 세상으로 하여금 자신을 하나님으로 경배하게 만들 것이다(살후 2:4).

한편 이러한 "가짜 왕국"은 약 7년 동안만 지속될 것이다. 겉으로는 "적그리스도"가 평화의 약속들을 내세우겠지만, 실제로는 전쟁, 질병, 기아, 가난, 박해, 순교, 분노 등으로 점철된 왕국이 될 것이다. 결국 예수 그리스도의 재림과 더불어 이 가짜 왕국은 한순간에 완전히 멸망하게 된다.

11. 왕국의 도래와 완성

세상의 기초가 놓인 이래로 계획된 "왕국의 역사"는 사탄이 원하는 대로 끝나지 않을 것이다. 지금은 마치 "악"이 승리하는 것처럼 보이지만 종국에는 만왕의 왕이신 예수 그리스도께서 위대한 승리를 쟁취하실 것이다. 그야말로 "진정한 왕국"이 지상에 도래하는 것인데, 왕국의 역사의 대단원의 막을 내릴 "클라이맥스"가 될 이 위대한 사건은 구약 시대에 계속 예언되어 왔던 "주의 날"에 이루어질 것이다.

재림 때 만왕의 왕으로 오신 예수 그리스도께서는 이방 왕국을 그분의 발아래 짓밟으시고 철장으로 다스리실 것이다. 그날이 오면 물리적인 왕국인 "천국"과 영적인 왕국인 "하나님의 나라"가 하나로 합쳐진 "완전한 왕국"이 되어 "천 년" 동안 펼쳐질 것이다. 그 왕국은 "의의 왕국"이자 "화평의 왕국"이 될 것인데, 『**의와 화평이 서로 입맞추었도다.**』(시 85:10)라는 말씀이 온전히 성취되는 것이다.

12. 영원한 왕국

"천년왕국" 이후 하늘들과 땅이 불타 없어지고 백보좌 심판이 끝나고 나면, 구원받은 성도들은 하나님께서 계획하신 영원한 왕국에서 각자 자기들이 있어야 할 자리에 배치되어 영원히 거하고 번성하게 되는데, "유대인"은 "새 땅"에서, "교회"는 "새 예루살렘"에서, "이방인들"은 "새 하늘"에서 영원히 번성할 것이다.

하나님께서는 신실하시고 진실하신 분으로서, 친히 시작하신 것을 끝마치실 것이다. 사탄과 그의 세력은 왕국에 관한 하나님의 계획을 절대로 저지하지 못한다. 오히려 하나님께서는 인간을 대적하는 성경의 증거와 그 해결책을 받아들이지 않는 인간을 무시해 버리신다. 이것이 바로 인간이 그토록 성경을 증오하고 미워하는 이유이다. 이것이 인류가 성경이 제시한 길을 제외하고는 그 어떤 길이라도 가려고 하는 이유이다. 성경이 사람들을 대적하기 때문에 사람들은 성경을 대적한다. 그러나 결국은 주님께서 승리하실 것이다. 『**그분의 통치권은 영원한 통치권이요 그분의 왕국은 대대에 이르리로다. 땅의 모든 거민은 아무것도 아닌 것으로 여겨지나, 그분께서는 하늘의 군대에 있어서나 땅의 거민 가운데서나 자신의 뜻에 따라 행하시나니, 그분의 손을 치거나 그분께 말하기를 '당신은 무엇을 하는가?' 할 자가 아무도 없느니라**』(단 4:34,35). 인간은 성경의 권위에 복종할 때까지 계속해서 "도덕적 실패"와 "왕국에 관한 실패"를 겪을 것이다. 이것은 지난 6천 년 동안 단 한 번도 어긋난 적이 없는 "역사적인 예언"이다.

■ 새롭게 깨달았거나 적용할 내용이 있다면 적어 보세요. ■

제1과
복습문제

1. 『그의 ( )와 화평의 증가함이 다윗의 ( )와 그의 왕국 위에 바르게 세워지고, 지금부터 영원까지 공의와 정의로 그것을 굳게 세우는 데 끝이 없으리라. 만군의 주의 열성이 이것을 실행하시리라』(사 9:7).

2. "교회"는 "왕국"과 다르게 상속할 수 있다. 따라서 성경에는 "교회의 상속자"라는 표현이 나온다. (O , X)

3. 『하나님의 나라는 먹고 마시는 것이 아니라 다만 성령 안에서 ( )와 화평과 ( )이라』(롬 14:17).

4. 현 교회 시대에 감추어져 버린 "천국"을 흉내 내는 "가짜 왕국"이 등장했으니, 곧 "기독교계"(Christendom)이다. (O , X)

5. 『그 날들의 마지막에 나 느부캇넷살이 하늘을 향해 내 눈을 들었더니 내 명철이 내게 다시 돌아왔고 내가 지극히 높으신 분을 송축하며 영원히 사시는 분을 찬양하고 존경하였으니 그분의 통치권은 ( ) 통치권이요 그분의 ( )은 대대에 이르리로다』(단 4:34).

■ 복습 문제의 정답은 홈페이지(www.solomonbtc.org)에서 확인할 수 있습니다.

NOTES

제2과
천년왕국에는 누가 들어가는가?

『첫 번째 부활에 참여하는 자는 복되고 거룩하도다. 둘째 사망이 그들을 다스리는 권세가 없고, 오히려 그들이 하나님과 그리스도의 제사장들이 되어 천 년 동안 그와 함께 통치하리라』(계 20:6).

"의의 왕국"인 천년왕국

『**죄인들은 땅에서 소멸될지어다**』(시 104:35). 인류 역사상 이곳 지구상에서 죄인들이 소멸되는 것은 전무후무한 일이다. 완벽한 의의 왕국인 "천년왕국" 기간이 아니고서는 절대로 불가능한 일이다. 『**악인들은 더 이상 있지 못할지어다**』(시 104:35). "천년왕국" 기간에는 "의의 왕"이신 주 예수 그리스도께서 이 땅을 통치하시기 때문에 "악인들"이 있을 수 없다. 이 땅에서 죄인들이 소멸되고 악인들이 더 이상 존재하지 못하는 새로운 세상이 도래하다니, 그야말로 이러한 세상은 생각만 해도 전율을 느끼게 한다! 그래서 시편 기자는 이렇게 외친다. 『**오 내 혼아, 너는 주를 송축하라. 너희는 주를 찬양할지어다**』(시 104:35).

어린양의 혼인식에 참여하는 하나님의 가족

인류 역사의 모든 시대, 곧 "서로 다른 경륜"에서 구원받은 모든 성도를 가리켜 "**하나님의 왕국의 시민**"이자, "**하나님의 가족**"(엡 2:19; 3:15)이라 부른다. "천년왕국" 기간에 구원받는 성도들(재림 이후에 등장하는 부류로서 "어린양의 혼인식"에 참석하지 못함)을 제외한 모든 가족 구성원은 "첫 번째 부활"(구약 성도들의 부활, 교회 시대 성도들의 부활, 환란 성도들의 부활)에 참여함으로써(cf. 계 20:5,6) "**어린양의 혼인식**"에 참석하게 된다. 이 혼인식에 관해서는

"**시편 45:8-17**"과 "**솔로몬의 노래 6:8-10**"에 잘 묘사되어 있는데, 성경은 『**어린 양의 혼인 잔치에 초대된 그들은 복이 있다고**』(계 19:9) 말씀한다. "어린양의 혼인식"에 참석하게 될 "하나님의 가족"은 다음과 같다.

『당신의 모든 옷에서는 상아 궁전에서 나온 몰약과 알로에와 계피의 향내가 나며 그것들이 당신을 기쁘게 하였나이다.[8절] 왕의 궁녀들 가운데는 여러 왕들의 딸들이 있었으며 왕의 우편에는 오필의 금으로 단장한 왕비가 서 있었나이다.[9절] 오 딸이여, 경청하고 유념하며 네 귀를 기울이라. 그리고 네 백성과 네 아버지의 집을 잊어버리라.[10절] 그리하면 왕이 네 아름다움을 크게 탐내리니 이는 그가 너의 주심이라. 너는 그를 경배할지니라.[11절] 투로의 딸이 예물을 가지고 올 것이며, 백성 가운데 부한 자들도 너의 호의를 간절히 구하리라.[12절] 왕의 딸이 안에서 온갖 영화를 누리나니 그녀의 옷은 금으로 짰도다.[13절] 그녀가 수놓은 옷을 입고 왕께로 인도될 것이요, 그녀를 따르는 그녀의 동료 처녀들도 왕께로 인도되리니[14절] 그들이 기쁨과 즐거움으로 인도되어 왕궁으로 들어가리이다.[15절] 왕의 자손들이 왕의 조상들을 대신하리니 왕께서 그들을 온 땅의 통치자들로 삼으시리이다.[16절] 내가 왕의 이름을 모든 세대에 기억되게 하리니 그러므로 백성이 왕을 영원무궁토록 찬양하리라[17절]』(시 45:8-17).

1. 혼인식의 주인공 : 신랑과 신부

우선 "**왕**"(9절)이 등장한다. 여기에서 "왕"은 "영광의 왕"이시요 "영광의 주"로서(눅 5:33-35, 사 62:5) "**신랑**"이신 "**예수 그리스도**"이시다(시 19:5, 솔 3:11). 다음으로 왕의 우편에 오필의 금으로 단장한 "**왕비**"(9절)가 서 있는데, 곧 교회 시대에 구원받은 "**신부**"인 "**교회**"이다(고후 11:2). 그녀는 "**왕의 딸**"(13절)로도 불리고, "신랑의 비둘기요, 신랑의 더럽혀지지 않은 유일한 존재이자, 어머니의 귀한 외동딸"(솔 6:9)로도 불린다. 또한 "몸"(엡 1:23)으로도 불리며, "매우 값진 진주"(마 13:46)로도 불리는데, 신랑이신 예수 그리스도께서는 그 진주를 사기 위해(고전 6:20) 가서(지상으로 내려오심) "자기의 모든 소유"를 파셨다(십자가 사건, 마 13:46, cf. 고후 8:9).

2. 혼인식을 축하해 주는 하객들

첫 번째로, "왕들의 딸들"(9절)이 나오는데, 이들은 "율법 시대 이전에 구원받은 성도들"(아벨, 셋, 노아, 에녹, 욥, 아브라함, 이삭, 야곱, 요셉 등)을 상징하며(cf. 마 8:11), "왕후들"(솔 6:9)로도 나타난다.

두 번째로, "신랑의 친구들"(요 3:29)이 있는데, "율법 시대에 구원받은 유대인들"을 예표한다. "모세"부터 "침례인 요한"에 이르기까지의 "구약의 유대인 성도들"로서, 이들은 율법과 함께 시작하여(눅 16:16) 침례인 요한과 더불어 끝나는 경륜 속에서 구원받은 성도들이다.

세 번째로, "왕의 궁녀들"(9절)로서 "투로의 딸"(12절)로도 묘사되는데, 이들은 "율법 시대에 구원받은 이방인들"이며 "후궁들"(솔 6:9)로도 나타난다.

네 번째로, 왕께로 인도되는 "동료 처녀들(virgins)"이 있으며, 이들은 "환란 시대에 구원받은 유대인들"로서 "셀 수도 없이 많은 처녀들"(솔 6:8)과 기름을 준비한 "현명한 다섯 처녀"(마 25:2,9,10)로도 상징된다. 이 "처녀들"은 복수 형태로 등장하는 존재들로서 교회 시대에 "한 순결한 처녀(virgin)"로 제시되는(고후 11:2) "교회"와는 전혀 다른 부류이다. 이들은 혼인식에 신랑과 결혼하러 가는 신부가 아니라, "신랑을 맞으러 나가는 처녀들"(마 25:1)이고 "신랑을 수행하는 신혼방의 아이들"(마 9:15)이다. 또한 환란 시대에 여자들과 더불어 더럽혀지지 않은 144,000명의 "동정들"(virgins, 계 14:1-6)로도 대표된다. 이들은 대환란 끝 무렵에 있을 "어린양의 혼인식"에 참석하기 위해 "환란 후 휴거" 때 셋째 하늘로 올라간다.

다섯 번째로, "**손님들**"(마 22:11, 눅 14:13, 계 7:9-17)이 참석하는데, 이들은 "**환란 시대에 구원받은 이방인들**"로서 『**아무도 셀 수 없는 큰 무리**』(계 7:9)로 불린다. 이들 역시 "네 번째 부류"와 마찬가지로 "환란 후 휴거" 때 셋째 하늘로 들어가서 "어린양의 혼인식"에 참석하게 된다.

참석하는 부류	시편 45:8-17	솔로몬의 노래 6:8-10
주 예수 그리스도	왕(9절)	왕(솔 1:4)
율법 시대 이전에 구원받은 성도들	*왕들의 딸들(9절)	*왕후들(8,9절) *딸들(9절)
율법 시대에 구원받은 유대인들	(신랑의 친구들, 요 3:29)	(신랑의 친구들, 요 3:29)
율법 시대에 구원받은 이방인들	*왕의 궁녀들(9절) *투로의 딸(12절)	*후궁들(8,9절)
교회 시대에 구원받은 교회	왕비(9절) 왕의 딸(13절)	비둘기, 어머니의 귀한 외동딸(9절)
환란 시대에 구원받은 유대인들	동료 처녀들(14절)	셀 수도 없이 많은 처녀들(8절)
환란 시대에 구원받은 이방인들	(손님들, 마 22:11)	(아무도 셀 수 없이 큰 무리, 계 7:9,14)

어린양의 혼인식에 참석하는 "하객들"과 관련하여, 모든 예표와 상징이 정확하게 연결되는 것은 아니지만, "율법 시대 이전에 구원받은 성도들과 율법 시대에 구원받은 이방인들"(위의 표에서 *표시된 부분)을 제외하고는 모두 정확하다. 어쨌든 이상 언급한 모든 "하나님의 가족"이 재림 때 원수들을 진멸시키실 만왕의 왕이신 예수 그리스도의 뒤를 따라 지상으로 내려와 천년왕국으로 들어가게 된다.

천년왕국에 들어가는 무리들

1. 어린양의 혼인식에 참석한 이후 "셋째 하늘에서 내려와 들어가는 무리들"

첫 번째로, "만왕의 왕"이시고 "만주의 주"이신 "**예수 그리스도**"께서 들어가신다. 『**오 너희 문들아, 너희 머리를 들라. 너희 영원한 문들아, 너희는 들어올려질지라. 그리하면 영광의 왕께서 들어오시리라. 이 영광의 왕이 누구신가? 강하고 능력 있으신 주시며 전쟁에 능력 있으신 주시로다. 오 너희 문들아, 너희 머리를 들라. 너희 영원한 문들아, 그것들을 들라. 그리하면 영광의 왕께서 들어오시리라. 이 영광의 왕이 누구신가? 만군의 주시니 그는 영광의 왕이시로다. 셀라**』(시 24:7-10). 셋째 하늘에서 어린양의 혼인식을 마치신 "신랑," 곧 "주 예수 그리스도"께서는 천년왕국에서 철장으로 통치하실 "만왕의 왕"으로서 이 땅으로 내려오실 것이다. 영광스럽게 재림하실 때 세상 나라들은 『**주와 그의 그리스도의 왕국들**』(계 11:15)이 되어 의와 화평으로 다스려지는 천년왕국의 통치가 이 땅에서 실현될 것이다(계 11:15-17).

두 번째로, "**교회 시대에 거듭난 그리스도인들**"이 "만왕의 왕"이신 "예수 그리스도"의 뒤를 따라 이 땅으로 내려와 천년왕국으로 들어간다. "예수 그리스도의 몸"이자 "신부"인 "교회"는 천년왕국에서 『**그리스도와 함께한 공동 상속자들**』(롬 8:17)로서 주님과 함께 통치하게 될 것이다(계 1:6; 5:9,10).

세 번째로, "**환란 시대에 구원받은 환란 성도들**"이 셋째 하늘에서 "예수 그리스도"의 뒤를 따라 내려와 천년왕국으로 들어간다. 이 부류는 둘로 나뉘는데, "**유대인 환란 성도들**"과 "**이방인 환란 성도들**"로 구분되는 것이다. 우선 "유대인 환란 성도들"은 대환란 기간에 활동할 두 증인, 곧 "모세와 엘리야"를 위시한 "144,000명의 동정들"로 대표되는데, "현명한 처녀들"(마 25:9,10)로도 불린다. 이들은 천년왕국 기간에 이스라엘에게 주어진 "약속의 땅"에서 "문자적이고 실제적이며 눈에 보이는 지상의 다윗의 보좌에 앉아 통치하시는 메시아 왕국"을 통치하는 것뿐만 아니라(계 20:4) 영원 세계에서도 "영원한 나라"를 상속받게 된다(단 7:18,22, 계 11:15). "이방인 환란 성도들" 역시 천년왕국에서 통치하게 되는데(계 20:4), 그들은 대환란 기간에 자기들의 옷을 "순교"를 통해 예수 그리스도의 피로 씻어 희게 한 사람들로서(계 7:9-17) 주님과 함께 이 땅으로 내려와 천년왕국으로 들어가서 통치하는 것이다.

마지막으로, "<u>구약 시대의 성도들</u>"이 천년왕국으로 들어간다. 이들 중에는 "신랑의 친구들"(요 3:29)로 예표되는 바 "**<u>율법 시대에 '율법에 따른 믿음과 행위'로 구원받은 유대인들</u>**"이 있는데, 이들 중 많은 유대인들은 예수 그리스도께서 부활하셨을 때 함께 부활했다. 『**무덤들이 열리며 잠들었던 많은 성도들의 몸이 일어났으며**』(마 27:52). "모든 성도들"이 아니라 "많은 성도들"이 부활한 것인데, 이때 부활하지 못한 구약 성도들은 환란 성도들이 환란 시대 끝 무렵에 휴거될 때 함께 부활할 가능성이 높다(사 26:19, 겔 37:1-14). 왜냐하면 환란 시대의 구원 방법과 구약 시대의 구원 방법이 "믿음과 행위를 통한 구원"으로서 서로 비슷하기 때문이다. 또한 "**<u>율법 시대에 '양심에 따른 믿음과 행위'로 구원받은 이방인들</u>**"과 "**<u>율법 시대 이전에 구원받은 성도들</u>**"도 있다.

2. 환란 시대 끝까지 "지상에 살아남아 있다가 들어가는 무리들"

우선 "<u>환란 시대 끝 무렵에 휴거되지 못했지만</u>" 그 이후부터 예수 그리스도의 재림 때까지의 기간에 인내로 끝까지 견디다가 주님께서 이 땅에 다시 오실 때 천년왕국으로 들어가는 "<u>유대인 환란 성도들</u>"이 있다. 『**너희 허리에 띠를 두르고 너희 등불을 밝히고 있으라. 그러면 너희는 주인을 기다리는 사람들과 같으니, 주인이 혼인 잔치에서 돌아올 때 그가 와서 문을 두드리면 그들은 즉시**

열어 주리라. 그 주인이 돌아와서 깨어 있는 종들을 보리니 그 종들은 복이 있도다. 진실로 내가 너희에게 말하노니, 그 주인이 띠를 두르고 식사를 위해 그들을 앉힌 후, 곁에 와서 그들에게 시중들리라. 또 주인이 제이경이나 제삼경에 올지라도 그렇게 하고 있는 종들을 보리니 그런 종들은 복이 있도다. 그러나 이것을 알라. 만일 그 집 주인이 몇 시에 도둑이 올 것인 줄 알았다면 깨어 있어 자기 집 뚫는 것을 허락하지 아니하였으리라. 그러므로 너희도 준비하고 있으라. 너희가 생각지 않은 시간에 인자가 오리라."고 하시더라』(눅 12:35-40).

이들은 환란 후 휴거 때 휴거되어 "어린양의 혼인식"에 들어가는 "현명한 다섯 처녀들"과 달리, 휴거되지 못한 채 이 땅에 남겨져 있다가 인내로 끝까지 견디는 가운데 "혼인식"에서 돌아오시는 "예수 그리스도"를 맞이하기 위해 깨어 있는 "유대인 환란 성도들"이다. 비록 "환란 후 휴거 때"는 아직 준비가 되어 있지 못해서 혼인식에 들어가는 문이 닫히고 말았지만(마 25:3,10-12), "재림 때"는 주님께 문을 열어 드리게 되고, 그렇게 깨어 있던 그들은 이 땅에서 있을 "잔치"에서 그들의 믿음과 인내의 행위를 치하해 주시는 주님의 시중을 받게 될 것이다(눅 12:37). 또한 "**달란트의 비유**"(마 25:14-30)에서 볼 수 있듯이, 이들은 "예수 그리스도"께서 재림하셨을 때 주님께서 맡기신 재산을 잘 관리하고 이윤까지 남겼다는 이유로 칭찬을 받고 다스릴 권리도 갖게 된다(마 25:21,23). 이에 반해 아무것도 남기지 못한 쓸모없는 종은 바깥 흑암에 내던져지는데(마 25:30), 곧 천년왕국 때 지상에 있을 눈에 보이는 불못으로 던져지는 것이다(마 22:11-13, "예복을 입지 않은 손님").

한편 환란 시대 끝 무렵에 휴거되지 못한 사람들 가운데는 어떤 연유로든지 살아남아서 천년왕국으로 유입되는 "이방인들"도 있는데, 예수 그리스도의 재림 때 이 땅에서 진행될 "민족들의 심판"(마 25:31-46)에서 "**양의 민족으로 분류되는 이방인들**"이 그러하다. 이들은 환란 기간에 짐승의 표를 받지 않는 가운데 유대인들을 잘 대접하고 돌봐 주었다는 이유로 천년왕국으로 유입되어 하나님 아버지의 복을 받게 된다(마 25:31-39). 반면에 이와 동일한 심판에서 유대인들을 잘 대접하지도 돌봐 주지도 않았다는 이유로 "염소의 민족"으로 분류되어 영원한 형벌로 들어가는 이방인들도 있다(마 25:40-46).

그런가 하면 환란 기간에 용케 살아남은 "**좀 특이한 부류의 이방인들**"도 있는데, 이들은 적그리스도의 박해 속에서도 짐승의 표를 받지 않은 채 어딘가로 도망쳐 몸을 숨기면서 대환란 기간을 무사히 통과한 사람들로서 자연계의 동물들과 같은 극한의 삶을 살면서 연명하게 된다. 이들 역시 천년왕국으로 유입되지만, 대부분은 나중에 천년왕국 끝에 가서 "사탄의 마지막 반역"인 "곡과 마곡의 전쟁"(계 20:7-9)이 일어날 때 사탄의 편에 서기도 한다.

■ 새롭게 깨달았거나 적용할 내용이 있다면 적어 보세요. ■

제2과
복습문제

1. 『첫 번째 (　　　　　　)에 참여하는 자는 복되고 거룩하도다. 둘째 사망이 그들을 다스리는 권세가 없고, 오히려 그들이 하나님과 그리스도의 제사장들이 되어 천 년 동안 그와 함께 (　　　　　　)하리라』(계 20:6).

2. 『그때 그가 내게 말하기를 "어린양의 (　　　　　　)에 초대된 그들은 복이 있다고 기록하라." 하고 또 내게 말하기를 "이것들은 참된 하나님의 말씀들이라."고 하더라』(계 19:9).

3. "어린양의 혼인식"에서 왕께로 인도되는 "동료 처녀들(virgins)"은 교회 시대의 "한 순결한 처녀(virgin)"와 같은 존재이고, "신랑을 맞으러 나가는 처녀들"(마 25:1)과도 동일한 존재이다. (O , X)

4. 재림 때 이 땅에서 진행될 "민족들의 심판"에서 "양의 민족으로 분류되는 이방인들"은 교회 시대의 그리스도인들을 가리킨다. (O , X)

5. 천년왕국 기간에 구원받는 성도들은 하나님의 가족이 아니다. (O , X)

■ 복습 문제의 정답은 홈페이지(www.solomonbtc.org)에서 확인할 수 있습니다.

제3과

역사의 황금시대 천년왕국의 특징

『그의 정부와 화평의 증가함이 다윗의 보좌와 그의 왕국 위에 바르게 세워지고, 지금부터 영원까지 공의와 정의로 그것을 굳게 세우는 데 끝이 없으리라. 만군의 **主**의 열성이 이것을 실행하시리라』(사 9:7).

천년왕국의 정부 형태

사탄이 결박당하고 예수 그리스도께서 이 땅 위에서 통치하시는 기간이 "천 년"이라는 사실은 요한계시록에 너무나 분명히 기록되어 있다. "천 년"이라는 표현은 요한계시록 20:1-7, 총 "일곱 개"의 구절에서 "여섯 번"이나 나온다. 이 기간을 "천년왕국"(Millennium Kingdom)이라고 부르는데, 이 용어는 라틴어 "Mille"(천)와 "Annum"(년)의 합성어에 "Kingdom"(왕국)이라는 단어가 결합된 말이다. 이 왕국이 세워지는 시기는 요한계시록에 나오는 것처럼 예수 그리스도께서 이 땅에 재림하실 때이다. 주님께서 하늘의 군대를 이끌고 적그리스도를 멸하신 이후(계 19:11-21) 민족들을 심판하실 때인 것이다(마 25:31-34). 이 왕국은 이 지상에 세워지는 실제적인 왕국이며, 눈에 보이는 물리적인 정치적 왕국, 곧 우리 주 예수 그리스도께서 직접 통치하실 왕국이다!(클라렌스 라킨의 〈세대적 진리〉, pp.169,170)

1. 신정 통치 체제

천년왕국의 "**정부 형태**"는 "하나님"이신 "**주 예수 그리스도**"께서 "만왕의 왕"으로서 직접 다스리시는 "**신정 통치 왕국**"이다. 부활한 "**다윗**"은 예수 그리스도의 통치 아래에서 "이스라엘"을 다스리는 "왕"(겔 37:22)이자, "목자"(겔 37:24)요, "통치자"(겔 37:25)가 될 것이다. 또한 천년왕국에서 예수 그리스도와 함께 통치할 "**세 부류의 사람**"이 있는데, "이스라엘의 열두 지파"를 통치하는 "**어린양의 열**

두 사도"(마 19:28)와 그리스도의 심판석에서 면류관을 받고 왕국의 유업을 상속받는 "**교회 시대 성도들**"(고전 6:10, 롬 8:17, 딤후 2:12, 계 1:6; 5:10)과 대환란 기간에 짐승의 표를 받지 않기 위해 순교했던 "**환란 성도들**"(판 5:13, 계 6:9-11; 20:4)이다. 특히 예수 그리스도와 진리를 위해 믿음을 지키다가 고난을 받은 교회 시대의 성도들은 『**그리스도와 함께한 공동 상속자들**』(롬 8:17)로서 "팔레스타인 땅" 이외의 이방인들의 영토를 유업으로 받아 통치할 것이다(눅 19:12-27).

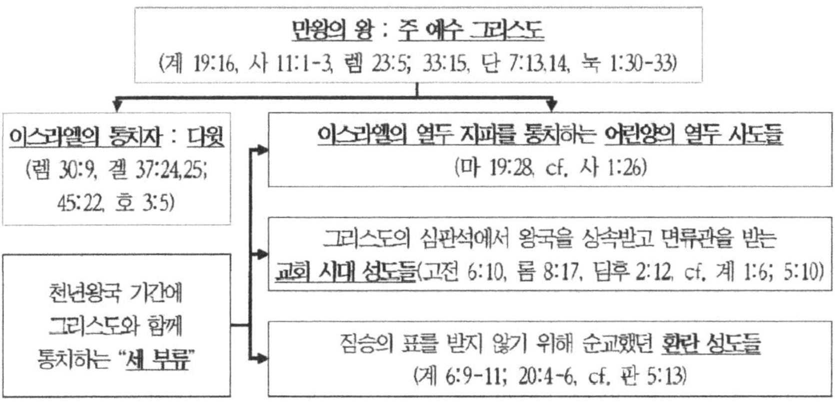

2. 이스라엘의 완전한 회복 : 회복 시기 - "이틀 후인 셋째 날"(호 6:1-3)

이스라엘은 "성경의 예언"대로 완전히 회복될 것인데 "**이틀 후인 셋째 날**"(호 6:2), 곧 이스라엘이 메시아를 십자가에 못 박아 죽임으로써 완전히 거부되고 멸망당한 지 "**2천 년이 지난 후인 3천 년째**"(벧후 3:8)에 회복되는 것이다. 그 날은 "**재림의 아침**"(호 6:3)으로서 "**천년왕국이 세워질 무렵**"이 될 것이다. 이스라엘은 대환란이라는 전무후무한 고난(겔 22:20, 슥 13:9)의 기간을 통과한 이후에 "**대대적인 민족적 회개**"(욜 2:12-17,28-32, 슥 12:10-13:1)와 더불어 "**영적으로**" 완전히 위로받고 회복될 것이다(사 40:1,2), 욜 3:21). "**하나님의 아내**"로서의 지위가 회복되고(사 54:5; 62:4, 호 2:14-17) 다시는 떨어져 나가지 않게 된다. 또한 하나님께서 이스라엘과 "**새 언약**"(New Covenant)을 맺으심으로써 (렘 31:31-34), 이스라엘은 잃어버렸던 지위, 곧 "독특한 보물," "제사장들의 왕국," "거룩한 민족"으로서의 지위를 회복하게 되고(출 19:5,6), "**다윗 안**"에서 "**다윗의 왕국**"으로 회복할 것이다. 특히 "다윗의 확실한 자비"라 불리는 "영원한 언약"이 맺어질 것인데(사 55:3), 이것은 이스라엘이 "다윗 안"에서 회복된다는 사실을 잘 보여 준다(사 32:1, 호 3:4,5, 암 9:11). **그렇게 회복되면 목자이신 위대하신 왕께서는 그분의 양들인 이스라엘을 인도하시고 먹이실 것이며 안전하게 거하게 하실 것이다**(사 11:15,16, 렘 23:3,6, 암 9:14, 미 2:12; 4:4; 7:14,15).

이스라엘은 "**물리적이고 정치적으로도 회복될**" 것인데, "**하나로 통일된**" 매우 크고 "**위대한 정치적인 왕국**"으로 회복되고, 이방 나라들은 이스라엘 앞에 굴복하게 된다(사 11:10-14; 45:14; 60:1-3,14,15; 61:6, 렘 3:18, 겔 37:1-14,19, 22,24,25, 호 1:10,11, 암 9:12, 슥 8:20-23; 12:8,9). 그리고 "**아브라함의 언약**"(창 15:18-21)을 통해 확정된 "**약속의 땅**"을 차지한다(겔 45-48장). **온 세상이 만왕의 왕이신 주 예수 그리스도의 왕국이 될 것이지만, 핵심 통치 국가는 "이스라엘"이며 그 수도는 "예루살렘"이 될 것이다**.

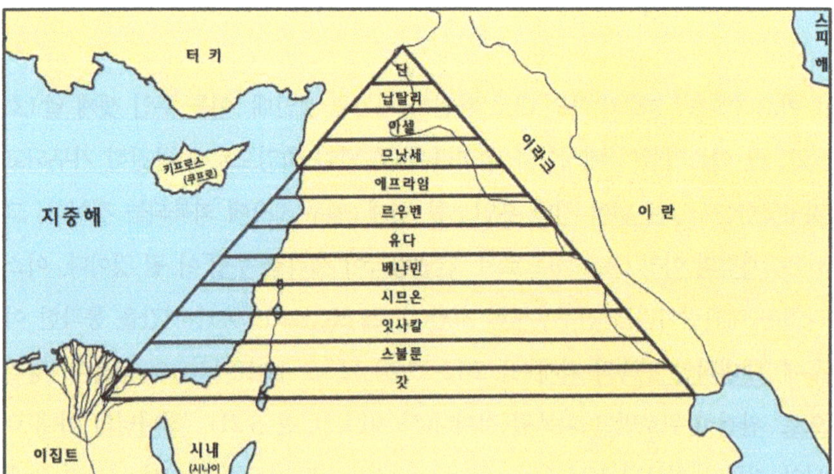

3. 천년왕국의 수도 : "예루살렘"(사 2:2, 미 4:1)

천년왕국 기간에 회복된 예루살렘은 번영할 것이고(슥 2:4), 그 성읍으로부터 생수가 솟아나서 바다로 흐르게 된다(슥 14:8). 또한 회복된 예루살렘의 이름은 "__여호와 삼마__," 곧 『**주께서 거기 계시다**』(겔 48:35)가 될 것이다. 예수 그리스도께서 예루살렘 보좌에 앉으셔서 통치하시는 것이다.

4. 통치 제도와 방법 : 예루살렘에서 선포되는 "왕국 법령"(사 2:3, 미 4:2)

위대한 "왕의 도성"인 "예루살렘"으로부터 "율법," 곧 "주의 말씀"이 나올 것인데, 유대인이든, 이방인이든 모든 민족은 "주의 말씀"을 듣기 위해 예루살렘으로 올라갈 것이다. 바로 이 "말씀"이 "__천년왕국 법령__"(마 5-7장)이며, 왕이신 예수 그리스도께서는 이 "법령"을 토대로 "완전한 공의와 정의"를 실현하시고 심판하실 것이다. "__완전한 의와 화평의 왕국__"이 되는 것이며(사 11:4,5), 그에 따라 형벌의 장소로서 "불못"을 에돔 지역에 마련하신다(사 34:6-10; 66:24). 그야말로 "__철장__"으로 다스리시는 왕국이 되는 것이다(계 19:15, 시 2:6-12).

5. 경배의 중심지 : "천년왕국 성전"(사 2:3, 겔 40:1-44:31, 학 2:6-9, 암 9:11)

천년왕국이 지상에 수립되면 "성전"도 세워지는데(사 2:3), "__성전의 규모나 모습__"에 관한 내용은 에스겔 40-43장에 나온다. "주의 영광"이 성전 안에 거하는 것인데(겔 43:5; 44:4), 구약 시대에 떠나셨던(겔 8:6) 주의 영이 다시 돌아오시

는 것이다(겔 43:5). 이것은 이스라엘이 "잃어버린 영적인 지위"를 되찾는 것을 의미한다. 선지자 "학개"도 천년왕국 성전의 위대함을 예언했고(학 2:9), "아모스"도 재림 때 다시 일으켜질 "다윗의 장막"에 대해 언급했는데(암 9:11), 이것은 천년왕국 성전이 세워지는 것을 의미한다.

특이한 사실은 기존의 성막이나 성전과 비교해 봤을 때 "천년왕국 성전에만 유독 없는 것들"이 많이 발견된다는 점이다. 곧 "물대야," "금촛대," "차려 놓은 빵," "향제단," "휘장," "언약궤" 등이 없는 것이다. 한편 "레위기"에 나오는 "다섯 가지 제사"(레 1-5장)가 모두 회복되는데, "번제"(겔 45:25), "음식제사"(겔 45:25), "화목제"(겔 43:27), "속죄제"(겔 43:19-27), "속건제"(겔 44:29)가 모두 회복되는 것이다. 그래서 천년왕국 성전에는 "물대야"는 없어도 "번제단"은 존재하며, 또한 레위 지파의 "제사장 직분"도 회복된다(겔 44장). 그뿐만 아니라 "레위기"에 나오는 "일곱 가지 절기"(레 23장) 중에서 "유월절"(겔 45:21-24)과 "장막절"(겔 45:25)이 지켜진다. **특히 "장막절"에 하나님께 경배하기 위해 예루살렘으로 올라오지 않는 민족들에게는 비를 내리시지 않겠다고 경고하신다**(슥 14:17,18).

이스라엘을 떠났던 하나님의 영광이 천년왕국 성전으로 돌아오고(겔 43:1-5), 천년왕국 성전에서 흘러 나가는 "생명의 강"이 치유의 물이 되며, 물고기에게 생명을 준다(겔 47장). 『그 사면의 규격이 일만 팔천이며 그 날로부터 그 성읍의 이름이 '주께서 거기 계시다.'가 될 것이라』(겔 48:35).

천년왕국의 특징

예수 그리스도께서 이 땅에 세우시는 천년왕국은 "영원한 왕국"(단 2:44; 7:14,27)이고 "의와 화평의 왕국"(사 11:4-8)이다.

1. 사탄의 결박(계 20:1-3)

지난 6천 년 동안 세상을 미혹해 온 "사탄"이 결박되어 끝없이 깊은 구렁에 갇혀서 인간에게 더 이상 어떤 영향력도 미치지 못하게 된다. "천 년" 동안 사탄은 이 땅에 있지 않으며, 셋째 하늘은 물론 첫째 하늘이나 둘째 하늘에서도 활동하지 못한다.

2. 전쟁의 종식(사 2:4, 미 4:3)

천년왕국에서는 예수 그리스도께서 모든 민족들을 심판하신 후 "온 땅의 왕"이 되실 것이기에 온 세상은 더 이상 전쟁하지 않을 것이다. 『**그가 많은 백성 가운데서 심판하시며 먼 곳의 강한 민족들을 책망하시리라. 또 사람들은 그들의 칼들을 쳐서 보습을 만들고 그들의 창들을 쳐서 낫을 만들 것이라. 민족이 민족을 대적하여 칼을 들어올리지 아니할 것이며, 그들이 더 이상 전쟁을 배우지 아니하리라**』(미 4:3, cf. 사 2:4). 이것은 재림 때에 이루어질 일이다. 즉 "심판"을 통해 모든 것이 다 정화된 이후에 "평화"가 도래하는 것인데, 세상은 "심판"은 쏙 빼놓고 "평화"만 강조한다. 이들은 예수 그리스도께서 다시 오시지 않고서는 지상에서 전쟁이 결코 끝나지 않을 것이라는 사실을 무시해 버렸고, 인간의 힘으로 이 땅에서 전쟁을 종식시키고 평화로운 세상을 이룩할 수 있을 것이라고 착각했던 것이다. 이제 지상 최대의 전쟁이 준비되고 있으니, 곧 메시아께서 이 땅에 오시어 UN의 2억의 군대를 단 한두 시간 만에 몰살시키시고 이방 민족을 심판하시는 전쟁이다. 이 전쟁이 있고 난 후에야 예루살렘은 그 이름대로 화평의 성읍으로 불리게 되고 온 세상은 화평의 왕국으로 다스려질 것이다.

3. 자연계의 회복

천년왕국 기간에는 "자연계"가 회복될 것인데, 최초의 인류가 타락하기 전의 "에덴동산"처럼 회복될 것이다. 사람들은 회복된 자연 환경을 향유하게 될 것이다. 인간의 수명이 "나무의 수명"처럼 길어지고(사 65:20,22, cf. 슥 8:4), 성소에서 흘러나오는 강물은 병을 치유하고 강둑 위에서 자라는 나무 잎사귀는 약으로 사용되어(겔 47:12) 병자들이 치유된다(사 33:24; 35:5,6, 미 4:6). 창조세계도 온전히 회복되고 평화를 찾는다(사 11:6-8; 65:25). 또한 "빛"은 일곱 배나 밝아진다(사 30:26, cf. 사 60:19,20, 계 21:23,24).

그야말로 완벽한 아름다움을 자랑하게 될 "창조 세계"로 회복될 것인데, 하나님께서는 천년왕국 내내 정해진 계절을 통해 풍요로운 복을 주실 것이다. 동물들의 본성도 바뀌면서 "육식 동물"과 "초식 동물" 사이에 평화가 깃들게 된다

(사 11:6-8; 65:25, 롬 8:22,23). **『또한 이리가 어린양과 함께 거하며 표범이 새끼 염소와 함께 누울 것이요, 송아지와 어린 사자와 살진 짐승이 함께하며 어린 아이가 그들을 이끌리라. 암소와 곰이 함께 먹으며 그것들의 새끼들이 함께 누울**

것이요, 사자가 소처럼 짚을 먹으리라. 또 젖먹는 아이가 독사의 구멍에서 장난하며, 젖뗀 아이가 독사의 굴에 손을 넣으리라』(사 11:6-8). 오늘날 인간들은 그런 "유토피아"를 꿈꾸지만 그런 "지상 낙원"을 이루기 위한 그들의 모든 노력들은 헛될 뿐이다. 예수 그리스도께서 재림하시면 고통이나 굶주림이 없는 세상, 전쟁과 압제, 기근의 공포에서 해방되는 완전히 평화로운 날이 올 것이다.

4. 영적인 회복 : "하나님의 지식으로 가득 찬 세상"(사 11:9)

『그들은 나의 모든 거룩한 산에서 해치거나 파괴시키지 않으리니 이는 마치 물들이 바다를 덮음같이 세상이 **주**의 지식으로 충만할 것임이니라』(사 11:9).

5. 히브리어의 부활(습 3:9)

『그때에 내가 백성에게 순수한 언어를 돌려주리니, 그들이 모두 **주**의 이름을 부르며 한마음으로 그를 섬길 것임이라』(습 3:9).

"천 년 기간" 끝에 "사탄"이 잠시 풀려나게 된다. **『그 천 년이 끝나면 사탄이 그의 감옥에서 풀려나, 땅의 사방에 있는 민족들, 곧 곡과 마곡을 미혹하려고 나가서 그들을 함께 모아 전쟁을 일으키리니 그 수가 바다의 모래 같으리라**』(계 20:7,8). 곡과 마곡은 러시아와 연관되어 있고, 잠시 풀려난 사탄은 온 세상을 미혹해서 전쟁을 준비하게 된다.

이렇게 사탄이 미혹할 때 그에게 동조할 많은 무리가 있을 것인데, 이는 사람들이 여전히 자기들의 타락한 본성을 가지고 있기 때문이다. 분명히 천년왕국 끝에 가면 사탄에게 미혹되어 하나님께 반역하는 무리들이 상당수 있을 것이다(시 72:8,9, 사 26:9-11, 시 66:7; 110:2; 2:9-12). "**과연 이들은 어떤 사람들인가?**" 대환란에서 천년왕국으로 유입된 사람들 가운데 "**아직 개종하지 않은 사람들**"(슥 14:16-19, 단 11:41,42)과 유대인을 돕고 짐승의 표를 받지 않은 덕택에 천년왕국에 들어간 자들(마 25:34,40,46)에게서 "**태어난 후손들**"(사 65:20, 슥 8:4)이다.

천 년 기간에는 믿음 없이 행위로만 구원받는다. 천년왕국 때는 믿음이 필요하지 않다(마 5-7장, 산상설교는 천년왕국에서 행해야 할 법령이다). 예수님께서 눈에 보이도록 계시며 통치하시는데 무슨 믿음이 필요하겠는가? 오직 행위만 필요한 것인데, 천년왕국 끝에 행위를 통해 구원받지 못한 자들이 사탄의 편에 서서 전쟁을 일으키게 된다. 이것이 바로 "곡과 마곡의 전쟁"인 것이다. 이렇게 사탄과 그의 세력이 전쟁을 일으키게 될 때, 그들이 성도들의 진영과 사랑하시는 도성을 포위하겠지만, 불이 하나님께로부터 내려와 그들을 삼켜 버릴 것이다(계 20:9). 이 마지막 최후의 전쟁은 역사상 가장 짧게 끝날 것이다. 하늘에서 불을 떨어뜨려 태워 버리실 것이다. 이것이 인류 역사상 마지막 전쟁이다. 이후에는 더 이상 전쟁이 없다. 결국 이때 사탄은 불못에 던져진다(계 20:10). 천년왕국이 시작될 무렵에 이미 불못으로 들어간 짐승과 거짓 선지자가 천 년 후에도 여전히 거기에서 불타고 있을 것이다. 이처럼 불못은 "마귀와 그의 천사들을 위해 준비한 영원한 불"인 것이다(마 25:41).

제3과 복습문제

1. 『그가 많은 백성 가운데서 심판하시며 먼 곳의 강한 민족들을 책망하시리라. 또 사람들은 그들의 칼들을 쳐서 보습을 만들고 그들의 창들을 쳐서 낫을 만들 것이라. 민족이 민족을 대적하여 칼을 들어올리지 아니할 것이며, 그들이 더 이상 (   )을 배우지 아니하리라』(미 4:3).

2. 천년왕국의 수도는 예루살렘이다. (O , X)

3. 구약의 제사들은 예수 그리스도의 구속 사역으로 완성되었기 때문에, 천년왕국 때는 더 이상 드려지지 않는다. (O , X)

4. 천년왕국 기간에는 해와 달이 비치지 않는다. (O , X)

5. 천년왕국 기간에도 사탄이 온 세상을 미혹한다. (O , X)

■ 복습 문제의 정답은 홈페이지(www.solomonbtc.org)에서 확인할 수 있습니다.

NOTES

제4과
하나님의 교회란 무엇인가?

『그러므로 너희 자신을 조심하고 모든 양떼에게도 그리하라. 이들을 위하여 성령께서는 너희를 감독자들로 세우셨으며 하나님께서 자신의 피로 사신 하나님의 교회를 돌보게 하셨느니라』(행 20:28).

교회가 아닌 것들

주님께서는 사도행전 7:60을 기점으로 유대인들이 자신들의 왕으로 오신 예수 그리스도를 거부할 것이라는 사실을 미리 아셨다. 그래서 일찍이 주님께서는 유대인들을 향해 『**내가 너희에게 말하노니, 이제부터 너희가 '주의 이름으로 오시는 이는 복이 있도다.'라고 말할 때까지 나를 보지 못하리라."고 하시더라.**』(마 23:39)라고 말씀하셨다. 이 말씀대로 대환란 끝에 이스라엘이 회심하여 예수님을 그들의 메시아 왕으로 받아들이기 전까지 이스라엘 대신 구약 시대에 감추어진 신비의 형태로 있었던 교회가 역사의 전면에 등장하면서 본격적으로 계시되고 다루어지게 된다.

그러나 기독교계에서는 신약 시대 교회의 의미를 모른 채, 단지 "유대인들의 교회"의 다른 일면이나 연장선으로 인식하고, 유대인들처럼 종교적인 형식을 고집하며 제단을 만들고, 제사장직을 고수하며 목사를 성직자라 부르고, 예배당 건물을 성전이라고 부르는데 그런 것은 교회가 아니다. 이뿐만이 아니라 로마카톨릭은 교회의 각종 예배 의식을 "성사" 또는 "희생 제사"라고 부르며 구약의 유대인에게 약속된 복들과 영광이 교회로 옮겨졌다고 주장하기도 하는데 이 또한 교회가 아니다. 이들은 모두 유대인의 경륜이 다른 이름으로 지속된다고 주장하는데 철저히 비성경적이다.

교회는 또한 왕국이 아니다. 성경은 교회와 왕국을 절대 혼합하지 않고 있다. 교회는 성경에서 "집"으로(딤전 3:15), "성전"으로(고전 3:16,17), 또 "몸"으로(고전 12:27-31) 표현되지만 천국 또는 왕국으로 말하거나 비유된 적은 없다. 그리스도는 교회의 머리로 언급되시지(엡 1:22; 4:15, 골 1:18) 교회의 왕으로 언급되지는 않으신다. 왕국을 받으러 먼 나라에 간 귀인이(예수 그리스도) 돌아올 때까지 천국은 세워지지 않을 것이다(눅 19:11-27).

교회란 무엇인가?

1. 교회는 신비다.

『그것이 성령으로 그의 거룩한 사도들과 선지자들에게 지금 계시된 것처럼 다른 시대들에서는 사람들의 아들들에게 알려지지 아니하였으니 이는 이방인들이 복음을 통하여 그리스도 안에서 공동 상속자가 되고 한 몸이 되며 그의 약속에 동참자가 된다는 것이니라』(엡 3:5,6).

교회의 신비는 유대인과 이방인이 그리스도 안에서 "한 몸"을 이룬다는 사실이다. 이것은 다른 시대들에서는 누구에게도 계시되지 않은 신비였으며, 사도 바울에게 처음 계시되었다. 그래서 사도행전 3:19에서 당시 이 사실을 몰랐던 베드로는 갈보리가 아니라 재림 때 죄들이 지워질 것이라고 설교하였다. 이 몸은 누구도 알지 못한 채 형성되었다. 이 진리가 비록 구약의 선지자들에게조차 알려지지 않았지만(벧전 1:11,12), 구약에 숨겨져 있었음을 발견하고 여러 가지 증거 구절로 입증하였다.

『몸은 하나인데 많은 지체가 있고 한 몸에 지체는 많아도 모두 한 몸인 것처럼 그리스도께서도 그러하시니라. 유대인이나 이방인이나, 종이나 자유인이나 한 성령에 의하여 우리 모두가 한 몸 안으로 침례를 받았으며 또 모두가 한 성령 안으로 마시게 되었느니라』(고전 12:12,13). 『우리가 한 몸에 많은 지체를 가졌으나 모든 지체들이 다 같은 기능을 가진 것이 아니니 이와 같이 우리 많은 사람이 그리스도 안에서 한 몸이 되어 각 사람이 서로의 지체가 되었느니라』(롬 12:4,5).

2. 교회는 불러냄을 받은 한 몸이다.

교회라는 단어는 헬라어의 "에클레시아"에서 온 말로 "불러냄을 받은 무리나 모임"을 의미한다. 이런 의미에서 이스라엘을 "광야의 교회"라고 부르기도 한다(행 7:38, 마 18:17, 고전 14:35). 이 교회의 경륜에 대한 목적은 야고보가 사도행전 15장에서 "하나님의 계획"에 관해서 한 설교 가운데 언급되어 있는데(행 15:13-18) 하나님께서 "그의 이름을 위하여 이방인들 가운데서 한 백성을 취하려 하신다"라는 것이다. 따라서 이 교회의 경륜에 대한 목적은 교회로 하여금 세상을 변화시키는 것이 아니라, 죄인들에게 복음을 전해 예수 그리스도의 몸 안으로 들어오게 하는 데 있다. 이스라엘도 교회였으나 그것은 전적으로 아브라함의 자손들로만 구성된 "민족적인 교회"였다. 그러나 신약에 형성된 교회는 한 민족으로 이루어진 것이 아니라 모든 나라와 민족과 백성으로부터 구원받은 개개인을 불러 모아 이루어진 특별한 몸이다.

3. 교회는 그리스도의 몸이다.

그리스도의 몸인 교회는 결코 정치적인 집단이나 사회개혁 단체, 친교 모임같은 조직체가 아니라 "유기체"이다. 이 몸의 기초는 예수 그리스도께서 십자가에서 구속 사역을 완성하시면서 세워졌고, 예수 그리스도께서 부활하셔서 영광으로 들어갈 때 형성되었다(엡 1:20,21). 조직체로서의 지역교회는 이미 있었지만, 사도행전 2장에 가서야 성령의 능력으로 살아있는 유기체가 된 것이다(행 2:1-4).

예수 그리스도께서 이 몸의 머리이시다. 『**또 만물을 그의 발 아래 두시고 그를 만물 위에 머리가 되게 하셔서 교회에게 주셨느니라. 교회는 그의 몸이니 만물 안에 모든 것들을 채우시는 분의 충만이니라**』(엡 1:22,23). 누구든지 복음을 통해 예수 그리스도를 믿을 때 성령을 통하여 "그 몸" 안으로 들어가게 된다(고전 12:12,13). "그리스도의 몸"인 교회는 결코 죽을 수 없다. 살아 있는 머리에 죽은 몸이 붙어 있을 수 없다. 머리이신 그리스도는 "영원무궁토록" 살아 계시기에, 다시 죽으실 수 없다. 그리고 우리의 생명이신 그리스도께서 나타나실 때 우리도 그분과 함께 영광 가운데 나타날 것이다.

『우리의 생명이신 그리스도께서 나타나실 때 그때 너희도 그와 함께 영광 가운데 나타날 것이라』(골 3:4).

사람의 혼이, 사람의 인격이 몸을 통하여 나타나듯 지금 영광 중에 계신 예수 그리스도께서 자신을 나타내실 수 있는 유일한 방법은 그분의 몸인 교회를 통해서이다. 마찬가지로 오늘날 세상 사람들이 그리스도를 볼 수 있는 유일한 방법도 그리스도께서 내주하시는 그리스도인들을 통해서이다. 그래서 사도 바울은 『**이는 내게 사는 것이 그리스도니**』(빌 1:21), 『**그러나 내가 사는 것이 아니요, 그리스도께서 내 안에 사시는 것이라.**』(갈 2:20)라고 고백했다. 그리스도께서 사도 바울 안에 사시므로 세상은 사도 바울을 통해 나타나시는 그리스도를 볼 수 있다는 것이다.

4. 교회는 "그리스도의 신부"가 된다.

현재 교회는 한 남편에게 정혼한 한 순결한 처녀이다(고후 11:2). 아담이 죽음을 통해 그의 아내를 얻었듯이 그리스도께서도 자신의 죽음을 통하여 신부인 교회를 맞으셨다(엡 5:25). 그러나 여자는 아담에게서 나와 그에게 주어졌지만, 그리스도께서는 자신을 교회에게 주셨다. 아담의 아내가 그의 살과 뼈의 일부였던 것처럼 우리 역시 그분의 몸과 그의 살과 그의 뼈의 지체라고 말씀하시는데 이것은 우주의 맨 끝에 있는 지구에 사는 그리스도인이 현재 태양계에서 5억 광년 이상 떨어져 있는 곳에 앉아 계신 부활하신 구주와 하나라는 것을 완벽하게 보여 주는 그림이다(엡 5:30).

이삭이 신부를 맞아들이는 내용 속에서도 그리스도께서 그분의 신부인 교회를 불러내는 아름다운 모습을 예표적으로 볼 수 있다. 이삭(신랑이신 예수 그리스도의 예표)이 혼기가 차 아내를 맞이할 때가 되자 아들이 카나안 여인과 결혼하는 것을 원치 않은 아브라함은(아버지 하나님의 예표) 자신의 종 엘리에셀을(성령의 예표) 파단아람에 있는 친족에게 보내 신부감을 데려오도록 했다. 엘리에셀이 파단아람에 도착했을 때 그는 하나님의 인도하심으로 아브라함의 조카인 라반의 집으로 인도하심을 받는다. 하나님께서는 라반의 누이 동생 리브카를 이삭의 아내로 선정하셨다(창 24:12-14). 리브카는(교회의 예표) 엘리에셀의 설명만 듣고 한 번도 만나보지 못한 사람의 아내가 되기로 작정하고는 길을 떠난다. 이삭은 저녁 때 들에 나가 묵상하던 중 자신과 결혼하기 위해 오는 리브카를 나가서 맞이했으며 리브카는 그의 아내가 되었다. 이처럼 하나님께서는 이 시대에서 그의 아들 예수 그리스도를 위하여 한 신부를 얻도록 이 세상에 성령을 보내셨고, 성령께서는 아버지의 집으로 그녀를 데리고 가실 것이고 예수님과 그분의 신부는 공중에서 만날 것이다(살전 4:15-17).

■ 새롭게 깨달았거나 적용할 내용이 있다면 적어 보세요. ■

제4과
복습문제

1. 『그러므로 너희 자신을 조심하고 모든 양떼에게도 그리하라. 이들을 위하여 성령께서는 너희를 감독자들로 세우셨으며 하나님께서 자신의 (   )로 사신 하나님의 (   )를 돌보게 하셨느니라』(행 20:28).

2. 교회는 하나님께서 유대인들을 다루시던 경륜의 연장선에 있으며, 유대인들에게 주어졌던 모든 언약들은 고스란히 교회에 적용할 수 있다. (O , X)

3. 교회의 신비는 (   )과 (   )이 그리스도 안에서 한 몸을 이룬다는 것이다.

4. 교회의 목적은 복음을 통하여 세상을 변화시키는 것이다. (O , X)

5. 현재 교회는 한 남편에게 정혼한 (   )이다.

■ 복습 문제의 정답은 홈페이지(www.solomonbtc.org)에서 확인할 수 있습니다.

NOTES

제5과

교회의 기원과 미래 운명

『기뻐하고 즐거워하며 그분께 존귀를 돌리세. 이는 어린양의 혼인식이 다가왔고 그의 아내도 자신을 예비하였음이라. 이제 그녀에게 허락하사 정결하고 흰 세마포를 입게 하셨으니 세마포는 성도들의 의라."고 하더라』(계 19:7,8).

교회의 기원

교회는 "세상의 기초가 놓이기 이전"에 이미 하나님의 계획 안에 있었다(엡 1:4). 예수 그리스도께서도 지상 사역을 하시는 가운데 이스라엘의 거부로 지상에 세워질 왕국에 대한 계획이 연기되고 교회가 세워질 것을 미리 아시고 제자들에게 말씀하셨다. **『나도 너에게 말하노니, 너는 베드로라. 그리고 이 반석 위에 내가 나의 교회를 세우리니, 지옥의 문들이 그것을 이기지 못하리라』**(마 16:18).

그리스도께서 죽으시고 부활하신 후, 그 기초가 마련되었다. 그리고 주님께서 영광 가운데 하늘로 올라가시고, 성령께서 내려오신 사도행전 2장에서 반석이 되셨다. 그 반석 위에 사도들과 선지자들이 기초를 놓았고, 오순절 날 3,000개의 "살아 있는 돌"로 첫 층이 쌓였으며(행 2:41), 며칠 뒤에는 5,000개 이상의 돌들로 두 번째 층이 쌓였다(행 4:4). 그리고 수 세기를 거쳐 내려오면서 교회는 성령에 의해 거룩한 성전으로, 하나님의 거처로 계속 지어져 가고 있다.

『너희는 사도들과 선지자들의 기초 위에 세워졌으며 예수 그리스도께서 친히 귀중한 모퉁잇돌이 되셨고 그분 안에서 건물 전체가 함께 알맞게 맞추어져 주 안에서 거룩한 성전으로 자라가며 또한 그분 안에서 너희도 성령을 통하여 하나님의 거처로 함께 지어져 가고 있는 것이니라』(엡 2:20-22).

"베드로"는 "반석"이 아니다. 그는 자신을 반석이라고 주장한 적이 없으며 오히려 그의 설교에서 그리스도께서 반석이시라

고 증거했다(벧전 2:3-8, 행 4:11,12). 모세도(신 32:31), 예수님 자신도(마 21:42-44), 사도 바울도(고전 10:4) 같은 것을 증거했다. 이 "반석"은 지옥에 내려갔다가 영광 가운데 올라오신 예수 그리스도시다(엡 4:9,10).

교회의 미래

교회의 미래는 배교로 끝난다. 교회의 역사는 요한계시록 2,3장에서 각 교회 시대의 모습을 보여 주는 "아시아의 일곱 교회"의 특징들을 통해 확인할 수 있다. 초기 교회 시대를(A.D. 30-100) 보여 주는 에베소 교회는 열심히 일하고 수고하며 영적인 분별력을 가진, 성경적으로 올바른 교회였으나 사도들이 죽자 그들이 지녔던 열정과 헌신은 세대를 거듭하여 지속되지 못하고 쇠퇴했다. 첫 사랑을 저버린 것이다.

로마 제국에 의해 공식적으로 10차례의 박해를 받았고, 순교하는 교회였던 스머나 교회 기간에(A.D. 100-325) 자칭 유대인이라고 주장하는 자들이 등장한다. 또한 교부들을 통해 거짓 교리들이 스며들기 시작하는데 이러한 거짓 교리들은 그다음 교회 시대인 퍼가모 교회 시대에 로마카톨릭이 형성되는 교리적인 기반이 된다.

"숱한 결혼"이라는 이름을 가진 퍼가모 교회 시대에(A.D. 325-500) 로마카톨릭이 본격적으로 등장하고 음행과 우상 숭배가 예배의 일부로 행해지며 성직자가 평신도를 지배하는 니콜라파의 교리가 지켜졌고 유아세례가 법으로 제정되었다.

중세 암흑시대를 보여 주는 두아티라 교회 시대(A.D. 500-1000) 기간 동안 성경대로 믿는 그리스도인들이 로마카톨릭에 의해 무자비한 박해를 당했으며, 교회 내에 바알 숭배를 불러들였다. 사데 교회 기간(A.D. 1000-1500) 역시 중세 암흑시대로 로마카톨릭에 의해 자행된 "순교"와 "유혈"로 점철된 기간이다. 정통이라는 이름을 가진 로마카톨릭 안에서 살아남은 소수의 사람들로 인해 믿음의 명분은 갖고 있었지만 차갑게 죽어 있었다. "성령이 소멸된" 교회였다.

필라델피아 교회는(A.D. 1500-1900) 주님의 말씀을 지켰다고 칭찬받는 교회인데 이 기간에 하나님의 바른 말씀인 킹제임스성경이 나왔으며, 성경적 기독교 신앙이 절정에 달했다. 그러나 이 기간에 사탄의 회당인 자칭 유대인이 다시 등장했고, 19세기 말 교회들이 〈킹제임스성경〉을 대체한 〈영어 개역본〉(RV, 1885)이나 〈미국표준역본〉(ASV, 1901)을 사용하기 시작하며 닫힌 문의 교회 시대로(계 3:20) 들어가게 된다. 배교한 마지막 교회 시대인 라오디케아인들의 교회는(A.D. 1900-휴거) 하나님의 권위에 대적하는 인간들의 권리로 특징지어진다. 배교하고, 로마카톨릭의 편에 서 있는 교회이다. 각종 변개된 성경들이 신학교들과 교회들을 휩쓸어 엄청난 영적 파멸과 대배교가 벌어진다. 은사주의와 칼빈주의 5대 강령을 비롯한 각색 이단 교리들은 한국 교회를 잠식했고, 저주받을 사회 복음이 믿음으로 대체되었다. 종교 통합을 외치며 적그리스도를 맞을 준비를 하는 교회이다. 그래서 주님께서는 지역 교회 안에 들어가지 못하고 문밖에 서 계신다.

교회의 운명

1. 휴거

교회는 공중으로 끌려 올라가게 될 것이다. 끌려 올라가는 사람들은 두 부류로 나눠 볼 수 있는데 예수 그리스도를 믿고 죽은 성도들과 살아서 주님을 만나게 될 성도들이다. 예수 그리스도를 믿고 죽은 성도들은 주님께서 재림하실 때 다시는 썩지 않을 새 몸을 입고 부활하게 될 것이다. 그리고 살아서 들림받는 성도는 죽지 않는 새 몸을 입고 죽음을 맛보지 않은 채 영원히 살게 될 것이다. 휴거되는 것이다. 이 일은 주님께서 이 세상에 있는 주님의 소유를 강하신 능력으로 찾아가시는 역사이다.

『주께서 호령과 천사장의 음성과 하나님의 나팔 소리와 함께 하늘로부터 친히 내려오시리니 그러면 그리스도 안에서 죽은 자들이 먼저 일어나고 그리고 나서 살아남아 있는 우리도 공중에서 주와 만나기 위하여 그들과 함께 구름 속으로 끌려 올라가리니, 그리하여 우리가 영원히 주와 함께 있으리라』(살전 4:16,17). 『보라, 내가 너희에게 한 가지 신비를 말하노니 우리가 다 잠잘 것이 아니요 오히려 우리가 모두 변화될 것이니 마지막 나팔 소리에 눈깜짝하는 순간에 그러하리라. 나팔 소리가 나면 죽은 자들이 썩지 아니하는 몸으로 일으켜지며 우리도 변화되리라』(고전 15:51,52).

휴거는 "눈 깜짝하는 순간"에 지구 전역에서 동시에 일어날 것이며, 이 시대에 가장 놀라운 사건이 될 것이다. 성도들과 믿지 않는 자들을 분리하는 것은 물론이요, 남편과 아내, 부모와 자식들, 형제와 자매들, 친구와 친구를 분리시킬 것이다.

『내가 너희에게 말하거니와, 그 밤에는 두 사람이 한 침상에 있다가 한 사람은 데려가게 되고 한 사람은 남게 되리라. 두 여인이 함께 맷돌을 갈고 있다가, 한 사람은 데려가게 되고 한 사람은 남게 되리라. 또 두 사람이 들에 있는데, 한 사람은 데려가게 되고 한 사람은 남게 되리라."고 하시니라』(눅 17:34-36).

2. 휴거의 시기

교회는 대환란을 통과하지 않고 대환란 이전에 들림을 받는다. 하나님께서는 거듭난 성도들을 보호하신다는 약속을 주셨다.

『이는 하나님께서 우리가 진노를 받도록 정해 놓으신 것이 아니라 우리 주 예수 그리스도를 통하여 구원을 받게 하셨기 때문이라』(살전 5:9). 『그러나 형제들아, 너희는 어두움에 있지 아니하니 그 날이 너희를 도둑같이 덮치지 못하리라』(살전 5:4). 『네가 나의 인내의 말을 지켰기 때문에 나도 시험의 때에 너를 지키리니, 이는 온 세상에 임하여 땅 위에 사는 사람들을 시험하는 때라』(계 3:10).

그리스도의 몸 된 교회는 하나이고(고전 12:12,13) 거듭난 성도들은 그리스도의 몸의 지체인데 "그리스도의 몸"이 나누어지는 것은 생각할 수 없는 일이다. 즉 몸의 일부는 무덤 속에서 잠자고 있고, 일부는 영광 가운데서 부활하며, 일부는 땅에 남아 대환란을 통과하고, 또 일부는 변화되고 휴거되어 공중에서 주님을 만난다는 것은 있을 수 없는 일이다. 또한 주님께서는 갑작스럽게 오시는 인자에 대해서 강조하셨는데(마 24:42-44) 교회가 대환란을 통과한다면 그 가르침은 모순이 된다. 또한 성경의 많은 구절들이 그리스도께서 성도들과 함께 오실 것을 말씀하고 있는데(골 3:4, 살전 3:13; 4:14) 만일 성도들이 먼저 그리스도가 계신 곳으로 휴거되지 못한다면 그분과 함께 올 수 없을 것이다.

대환란은 성도들을 온전케 하기 위한 것이 아니다. 그것은 교회와는 아무런 관계가 없다. 그것은 "야곱의 고난"이고(렘 30:7), "이스라엘의 심판"이다. 대환란과 관련해서 하나님께서 교회에게 갖고 계신 목적이 있다면, 대환란 가운데서 교회를 연단하시는 것이 아니라 대환란으로부터 교회를 구출하시는 것이다. 요한계시록은 연대기적으로 쓰여 있는데 3장까지 등장한 교회는 5장부터 19장 사이 이 땅에 끔찍한 대재앙이 내려지는 동안 등장하지 않는다. 이 기간에 교회는 이 세상에 남아 있지 않고 휴거되어 예수 그리스도와 함께 있는 것이다.

3. 교회에 대한 심판

휴거되어 들림받은 성도들은 그리스도의 심판석에서 심판을 받게 된다. 그곳에서 그리스도인은 이 땅에서 행한 행위에 대해 심판을 받게 될 것이다.

> 『이는 우리 모두가 반드시 그리스도의 심판석 앞에 나아가서 선이든지 악이든지 각자 자기가 행한 것에 따라, 자기 몸으로 행한 것들을 받을 것이기 때문이라』(고후 5:10).

그리스도의 심판석은 죄와 관련하여 구원의 문제를 결정하거나, 무죄 혹은 유죄 등을 구분 짓는 곳이 아니다. 이미 구원받은 성도들만이 이 심판의 대상이 되기 때문이다. 그리스도의 심판석에 대해 이해하려면 품평회 내지는 운동경기 대회에서 심판하는 것을 떠올리면 될 것이다. 우승한 참가자들에게는 상이 돌아가지만, 상을 받지 못한 사람들이 벌을 받지는 않기 때문이다. 심판의 결과는 상 아니면 손해, 둘 중 하나이다.

『이 닦아 놓은 기초 외에 아무도 다른 기초를 놓을 수 없나니 이 기초는 예수 그리스도시라. 이제 누구든지 이 기초 위에 금이나 은이나 보석이나 나무나 짚이나 그루터기로 지으면 각 사람의 일한 것이 나타나게 되리니 그 날이 그것을 밝힐 것이라. 이는 그것이 불로써 드러나고 또 그 불은 각 사람의 일한 것이 어떤 종류인지를 시험할 것이기 때문이라. 만일 어떤 사람의 일한 것이 세운 그대로 있으면 그는 상을 받을 것이요, 만일 어떤 사람의 일한 것이 불타 버리면 그는 손해를 당하리라. 그러나 그 자신은 구원을 받게 되지만 불에 의해서인 것처럼 그렇게 되리라』(고전 3:11-15).

이 자리에서 다섯 가지 면류관인 생명의 면류관(약 1:12, 계 2:10), 영광의 면류관(벧전 5:2-4), 자랑의 면류관(살전 2:19,20), 의의 면류관(딤후 4:8), 썩지 않을 면류관(고전 9:25-27)이 수여될 것이다.

4. 어린양의 혼인식

<u>성도들이 들림받고 심판받은 후에 교회는 그리스도의 신부가 될 것이다.</u>

『기뻐하고 즐거워하며 그분께 존귀를 돌리세. 이는 어린양의 혼인식이 다가왔고 그의 아내도 자신을 예비하였음이라. 이제 그녀에게 허락하사 정결하고 흰 세마포를 입게 하셨으니 세마포는 성도들의 의라."고 하더라. 그때 그가 내게 말하기를 "어린양의 혼인 잔치에 초대된 그들은 복이 있다고 기록하라." 하고 또 내게 말하기를 "이것들은 참된 하나님의 말씀들이라."고 하더라』(계 19:7-9).

이 성대한 혼인식은 신부의 소망이 실현되는 절정이기도 하지만 그와 비교될 수 없을 정도로 중요한 사실은 바로 이 혼인식이 세상의 기초 이전에 하나님께서 아들을 위해 세우신 계획이 성취되는 절정이다.

역사상 국제적인 관심을 끈 왕실 간의 혼인식이 많이 있었다. 혼인식에 참석한 사람들은 초대된 사람들의 엄청난 수와 화려한 장관에 감탄을 금치 못했을 것이고, 또 두 나라를 이어 주는 결합을 경축했을 것이다. 하지만 어린양과 신부인 교회의 혼인식은 그 어떤 성대한 혼인식도 견줄 수 없는 장관이 될 것이다. 신부는 성도들의 의인 정결하고 흰 세마포로 단장할 것인데 이것은 성도들이 구원받은 후 행한 의로운 행위를 말하며, 그리스도의 심판석에서 불의 시험을 통과한 뒤에 남아 있는 행위를 말한다(고전 3:11-15).

■ 새롭게 깨달았거나 적용할 내용이 있다면 적어 보세요. ■

제5과
복습문제

1. 『나도 너에게 말하노니, 너는 베드로라. 그리고 이 반석 위에 내가 나의 교회를 세우리니, 지옥의 문들이 그것을 이기지 못하리라.』(마 16:18)라고 말씀하신 이 반석은 베드로를 말씀하신 것이다. (O , X)

2. "반석," "귀중한 모퉁잇돌," "귀중한 산 돌"은 모두 영광을 받으신 예수 그리스도를 말한다. (O , X)

3. 요한계시록 2,3장에 등장하는 일곱 교회 중 주님께서 지역 교회 안에 들어가지 못하고 문밖에 서 계신 교회는 어느 교회인가? (   )

4. 『주께서 호령과 천사장의 음성과 하나님의 나팔 소리와 함께 하늘로부터 친히 내려오시리니 그러면 그리스도 안에서 (   )이 먼저 일어나고 그리고 나서 (   ) 있는 우리도 공중에서 주와 만나기 위하여 그들과 함께 구름 속으로 (   ) 올라가리니, 그리하여 우리가 영원히 주와 함께 있으리라』(살전 4:16,17).

5. 그리스도인이 반드시 서게 되는 심판석은 무엇입니까? (   )

■ 복습 문제의 정답은 홈페이지(www.solomonbtc.org)에서 확인할 수 있습니다.

제6과

하나님께서 교회에 위탁하신 지상 명령

『그러므로 이제 우리는 그리스도를 대신한 대사들로서 하나님께서 우리를 통하여 너희를 권면하신 것같이 우리도 그리스도를 대신하여 너희에게 간구하노니 너희는 하나님과 화해하라』(고후 5:20).

교회가 감당해야 할 역할

신약 성경은 두 종류의 교회를 말하는데, 하나는 "눈에 보이는 지역 교회들"이고, 또 하나는 이 교회들보다 더 크고 더 본질적인 교회인 "그리스도의 몸 된 교회"이다. 그리스도의 몸 된 교회는 그리스도의 보혈로 구속을 받고 성령으로 거듭난 모든 성도들이 한 몸 안에 있는 것이다. 성경에서는 『**하나님께서 자신의 피로 사신 하나님의 교회**』(행 20:28)라고 말씀하신다.

우리 주님은 말씀으로 우주 만물을 지으셨고, 그분의 지혜와 능력으로 이 우주를 운행하고 계시며, 그분이 성경에 기록하신 대로 인류의 역사를 이루어가고 계신다. 하지만 주님께서 직접 일하실 수 없으시기에 그분의 사람들을 가르치시고 훈련시켜 길러진 유능한 일꾼들을 적재적소에 배치하시어 일하고 계신 것이다. 하나님의 교회에 보냄을 받은 성도들은 모두가 중요한 지체들이 되어서 교회라는 유기체가 활발히 작동되고 있음을 알아야 한다. 몸의 기관 중에 필요 없는 기관이 없듯이 지역 교회의 일원들은 모두가 필요한 기관들이다. 무엇보다도 하나님의 일은 세상에서 유능하다고 인정받는 사람들이 아니라 오직 하나님께 부르심을 받은 그리스도인들만이 할 수 있는 것이다. 그러므로 "교회"란 복음 전하는 사람들을 양성하는 곳이고, 복음을 믿고 그리스도인이 된 사람들을 말씀으로 양육시키는 곳이다. 하나님께서 부르시지 않은 사람이 이 일을 할 수 있겠는가? 교회에는 복음을 전하는 사람뿐만 아니라 성경을 가르칠 수 있는 일꾼도 있어야 한다.

하나님께서 교회를 세우신 목적

그리스도께서는 교회를 사랑하셔서 교회를 위하여 자신을 주셨다. 『**그리스도께서 교회를 사랑하셔서 교회를 위하여 자신을 주신 것같이 하라**』(엡 5:25). 거듭난 사람들은 그리스도의 몸 안으로 침례를 받은 것이다(성령 침례, 고전 12:13).

1. 하나님께 경배하고 지상에서 그분의 이름을 영화롭게 하기 위함이다(엡 1:6)

하나님께서는 영광과 존귀를 받으시기에 합당하시며 만물을 그의 발아래 복종시키신(고전 15:25,27) "전지전능하신" 분이시다. 하나님께서는 독생자이신 예수님을 이 땅에 보내시어 인류의 죄 문제를 해결하셨다(요 3:16). 마귀의 속박에서 벗어나지 않은 죄인들은 이 점을 깨닫지 못했기에 하나님을 배격하여 죄악을 물처럼 마시며 산다(욥 15:16). 오직 하나님의 피로 사신 교회, 곧 영이 거듭난 그리스도인들만이 하나님께서 베푸신 은혜에 감사할 줄 알고, 그분의 이름을 영화롭게 해 드릴 수 있다. 죄인이 그리스도의 복음을 믿고 구원받으면 마귀의 종에서 하나님의 아들로 신분이 변화한다(요 1:12, 롬 8:14,15). 하나님의 가족이 되는 것이다(엡 2:19).

2. 세상에 주 예수 그리스도의 복음을 전파하기 위함이다(마 28:19,20).

『모든 성도들 가운데서 가장 작은 자보다도 더 작은 나에게 이 은혜를 주신 것은 이방인들 가운데 헤아릴 수 없는 그리스도의 풍요함을 전파하게 하려는 것이라』(엡 3:8).

세상 종교들과 기독교 신앙의 가장 큰 차이점은, 그 종교의 창시자가 "인류의 죄 문제를 해결할 수 있는가?"이다. 인간이 창안해 낸 종교의 창시자들은 모두 죽었다. 추종자들에게 영생의 소망을 주기는커녕, 자기 자신의 죄 문제도 스스로 해결하지 못하고 지옥으로 향했다. 그러나 우리 주님은 그들과 다르다. 참 하나님이시지만 인류의 죄를 속죄하시려 인간의 몸을 입고 이 땅에 오셨다. 주님께서는 모든 면에서 인간과 동일하셨지만 단 하나, 곧 죄가 없으신 "의인"이셨다(히 4:15). **『그러므로 다른 이에게는 구원이 없나니 이는 하늘 아래서 우리가 구원을 받을 수 있는 다른 이름을 인간에게 주신 적이 없음이라』**(행 4:12).

우리가 받은 구원의 복음은 "은혜의 복음"이다. 다시 말해, 구원을 받기 위해 재물이나, 인간의 노력이나 수고로 값을 치르지 않아도 된다는 것이다. 왜냐하면 하나님께서 이 복음을 믿는 사람들에게 구원을 선물로 주셨기 때문이다(엡 2:8,9). 누구든지 구원의 복음을 믿고 예수 그리스도를 개인의 주와 구세주로 영접하면 구원받을 수 있다. 로마서 10:9-13에서는 구원받는 실제적인 방법을 말씀하신다. 그에 뒤이어 나오는 구절에 주목하라.

『그런즉 그들이 믿지 아니한 이를 어찌 부르리요? 듣지도 못한 이를 어찌 믿으리요? 전파하는 자가 없이 어찌 들으리요? 파송되지 아니하였는데 어찌 전파하리요? 기록된 바와 같으니 "화평의 복음을 전하며 좋은 일들의 기쁜 소식을 가져오는 자들의 발이 얼마나 아름다운가!"라고 하였느니라』(롬 10:14,15).

사도 바울이 고린도전서 15장에서 말했던 것처럼, 복음을 전파하는 일은 구원받은 그리스도인들에 의해서 이루어진다. 이 일은 "천사들도 흠모하는 일"이다(벧전 1:12). 그리스도인은 "두 가지 열매"를 내야 한다. 하나는 "성령의 열매"이고(갈 5:22,23), 다른 하나는 "구령의 열매"이다. **『귀한 씨를 가지고 나가**

서 우는 자는 정녕 기쁨으로 그의 단들을 가지고 돌아오리로다』(시 126:6). **『의로운 자의 열매는 생명의 나무니, 혼들을 이겨오는 자는 현명하니라』**(잠 11:30). 흔히 사람들을 교회로 데려오는 일, 즉 "전도"를 "구령"(Soul Winning)으로 오해하기도 하는데, 이는 그런 교회들의 담임목사들 스스로가 그리스도의 복음을 전하여 마귀에게 속한 죄인의 혼을 그리스도께로 이겨온 적이 없기 때문이다. 성도가 영적으로 성장하지 않으면 이런 일을 절대로 할 수 없다!

거듭난 성도는 "예수 그리스도의 군사"이다. 디모데후서 2:3-5에서는 주님의 군사는 ❶ 고난을 견뎌 내야 하고, ❷ 자기의 생애보다는 주님을 기쁘시게 하는 생애를 살아야 하며, ❸ 규칙대로(성경대로) 싸우지 않으면 면류관을 얻을 수 없다고 규정해 놓으셨다. 구원받은 성도의 "삶의 동기"는 주님을 위해 사는 데 맞추어져야 한다. **『그가 모든 사람을 위하여 죽으신 것은 산 자들이 이제부터는 더 이상 자신들을 위하여 살지 않고 자기들을 위하여 죽었다가 다시 살아나신 그분을 위하여 살게 하려는 것이라』**(고후 5:15). 이러한 동기를 성도들에게 부여하지 않기 때문에 많은 "지역 교회들"에서 일꾼들이 나오지 않는 것이다.

『"그러므로 너희는 가서 모든 민족들을 가르치고, 아버지와 아들과 성령의 이름으로 침례를 주며 내가 너희에게 명령한 모든 것을 가르쳐 지키게 하라. 보라, 내가 세상 끝까지 너희와 항상 함께 있으리라."고 하시더라. 아멘』(마 28:19,20).

그리스도인들은 "그리스도의 대사들"로서 세상에 속한 죄인들을 하나님께로 이겨오는 데 앞장서야 한다. 예수님께서 마태복음 28장의 마지막에서 말씀하신 대로 복음을 전파하는 일은 하나님의 명령이다.

성경에서는 단 한 번도 사람들을 "제자 삼으라."라고 하신 적이 없다! 있지도 않은 말을 만들어 내어 "제자 훈련"을 한답시고, 사람들을 자기들의 종으로 삼아 지배하려 드는 "니콜라파"들은 하나님 앞에 합당한 자들이 아니다. 하나님께서 그들을 부르셨다는(Divine Calling) 어떠한 증거도 없다.

3. 성도들을 말씀으로 양육함으로써 성장시키기 위함이다.

하나님께서는 모든 사람이 구원을 받고 "진리의 지식에 이르기"를 원하신다(딤전 2:4). 교회의 사역은 세상 죄인들에게 복음을 전하여 믿게 함으로써 그들을 하나님의 자녀로 거듭나게 하는 것이 첫째이다. 이 일은 꼭 교회에 나온 사람들에게 복음을 전하는 것이 아니라 성도들이 세상으로 나가서 기회가 닿는 대로 어디서나 복음을 전하여 거듭나게 하고 그들이 교회를 찾아 나서면 그들에게 진리의 지식을 가르쳐 성경을 알게 해야 한다.

갓 구원받은 성도는 영적으로 이제 갓 태어난 아기와 같다. 그의 나이가 몇 살이고 세상에서 무슨 공부를 얼마나 했고 사회적으로 어떤 경력을 가진 것과는 별개의 일이다. 그 사람 안에 새로운 생명을 갖고 태어난 사람을 속 사람이라 한다(고후 4:16, 롬 7:22, 엡 3:16). 그 속 사람은 자기 수준에 맞는 기초 공부에서 시작해서 지식을 하나씩 늘려 가야 정상적인 그리스도인으로 성장하게 된다. 하나님의 말씀을 젖, 생수, 꿀, 사과, 빵, 고기로 부른다. 아직 치아도 생기지 않은 갓난아기에게 고기를 먹였다고 상상해 보라. 어떻게 되겠는가? 반대로 성경을 많이 읽고 스스로 골라 먹을 수 있는데도 젖에 해당되는 기초 지식만을 매번 가르쳤다고 상상해 보라. 그의 성장은 멈추고 더 이상 자라지 않게 될 것이다. 이것이 오늘날 이 나라의 소위 교회라는 곳들에서 벌이고 있는 교회 놀이이다. 어떤 곳에서 성경을 공부하자고 하여 사람들을 모아 놓고 성경적 지식이 아닌 교단 교리로 세뇌시키거나 심지어 이단 교리들로 세뇌시키고 있다면 그 사람의 혼과 영은 오염되어 정상적으로 성장하기 어렵게 될 것은 뻔한 일이다.

영적으로 불균형한 성장이 발생하는 원인은 ❶ 어떻게 해야 영적 성장을 이를 수 있는지를 모르는 데 있고, ❷ 본인이 영적 성장의 필요성을 중요하게 여기지 않는 상태에서 여전히 구원받기 이전처럼 육신적으로 사는 삶에 흥미를 느끼기 때문이며, ❸ 영적 성장에 대한 욕구가 없기 때문이다.

아기가 태어났는데 신체적으로 발육이 부진하고 정신 연령도 낮으면 나이에 걸맞은 일을 할 수 없게 되어 "장애아"라고 불리는 것처럼, 영적 세계에서도 성장이 멈추면 "영적 장애인"이 된다. 영적으로 태어나는 것은 육신적으로 태어나는 것과 달라서 어떤 사람은 4세나 5세 때 거듭나고, 또 어떤 사람은 10대에, 어떤 사람은 20대에, 어떤 사람은 30대에, 또는 정말 감사하게도 지옥에 갈 위기를 숱하게 넘긴 노년의 때에도 영적으로 새롭게 태어나기도 한다. 사람이 거듭났다는 말은 "본성"이 바뀐 것을 의미한다. 『**그러므로 누구든지 그리스도 안에 있으면 새로운 피조물이라. 옛 것들은 지나갔으니, 보라, 모든 것이 새롭게 되었도다**』(고후 5:17). 거듭난 성품을 지닌 사람은 육신적인 성장과 다르게 영적 성장을 이룩해야 한다. 육신적으로 성장하려면 음식을 골고루 먹고 적당한 운동을 해야 하듯이, 영적 성장을 위해서도 하나님의 말씀을 매일 읽고, 그것과 연관된 좋은 책들을 찾아서 많이 읽어야 하며, 틈나는 대로 기도를 통해 주님과 교제해야 한다. 또한 주일과 수요일에 성도들이 모이는 교회에 가서 예배와 기도회도 참석해야 하고, 성도들과의 교제를 통해 자신을 투영해 보면서 자신의 잘못된 영적 생활 자세를 바로잡아 나가야 한다. 그런 가운데 "인격"도 다듬어 나가야 하는데, 이것을 가리켜 "Sanctification," 즉 "거룩하게 됨"이라고 한다.

예수 그리스도를 믿고 거듭난 사람은 성령님의 도우심으로 창조주의 형상을 따라 지식 안에서 새롭게 되었기에 이 지식을 흠모한다. 예수 그리스도 안에는 모든 지혜와 지식의 보화가 감추어져 있기 때문이다(골 2:3). 사도 바울은 이 지식이 가장 고상하기에 모든 것을 잃어버리고 오히려 배설물로 여긴 것은 그리스도를 얻기 위함이었다고 토로했다(빌 3:8). 하나님께서는 인류에게 그분의 영감으로 기록하신 한 권의 책을 주시며 그분을 믿는 자들에게 영생을 얻기 원하면 성경을 공부하라 하셨다(요 5:39). 성경을 기록하신 목적을 분명히 밝히셨다. 『**다만 이것들을 기록한 것은 너희로 예수가 그리스도, 곧 하나님의 아들이심을 믿게 하려는 것이요, 또 믿음으로써 그의 이름을 통해 생명을 얻게 하려 함이라**』(요 20:31). 하나님 앞에 부끄럽지 않은 일꾼으로 인정받으려면 성경을 공부해야 된다고 일러 주셨다(딤후 2:15). 이 일을 효과적으로 수행하기 위한 곳이 "하나님의 피로 사신 교회(그리스도인)"들이 모인 곳, 바로 "지역 교회"이다. 구원받은 그리스도인 혼자서 이 일을 수행하기란 쉬운 일이 아니다. 특히나 갓 구원받은 그리스도인으로서는 성경 말씀의 상당 부분이 "넘어지게 하는 돌과 거치는 반석"이기 때문이다. 하나님의 말씀은 난이도에 따라 젖(벧전 2:2), 꿀(시 119:103), 사과(잠 25:11), 빵(마 4:4, 눅 4:4), 고기(고전 3:2, 히 5:14 "단단한 음식") 등의 음식으로 비유된다. 하나님께서 부르신 종은 구원받지 않은 혼에 대한 연민을 가질 뿐만 아니라, 구원받은 혼들이 진리에 믿음을 뿌리내리게 하고 더 나아가 경배의 중요성을 깨닫게 해야 한다.

교회의 사역 목표

성경을 유일하고 최종적이며 절대적인 권위로 받아들이는 성경대로 믿는 그리스도인들에게는 바른 성경이 절대적으로 필요하다. 바른 성경이 없이는 올바른 신앙도, 올바른 사역도, 올바른 교회도 없기 때문이다.

거듭난 하나님의 자녀에게는 바른 성장이 필수적이고 이를 위해서는 순수한 말씀이 절대적으로 중요하다. 올바른 교리를 모른다면 하나님의 뜻을 알 수 없고 그렇게 되면 뿌리 없는 신앙이 되어 버린다. 즉 옳고 그름의 판단이 하나님의 말씀이 아닌 자의적 성경 해석이 되어 버리는 것이다. 올바른 교리를 위해서는 절대적으로 바른 성경이 필요하다.

신약 교회사를 통틀어 모든 배교의 원인은 그리스도인들이 바른 성경 대신 변개된 성경을 받아들임으로써 시작되었다. 바른 성경이 없이는 바른 신앙과 바른 교회가 있을 수 없다. 제일 멍청한 사람은 성경이 하나님의 말씀이라는 진리를 믿지도 않으면서 주일마다 성경을 옆구리에 끼고 교회에 와서 형식적으로 예배실에 앉아 있다 집에 돌아가는 사람이다. 그 사람이 설령 〈한글킹제임스성경〉을 들고 있다 하더라도 그 성경에 기록된 말씀들을 믿지 않는다면 그에게는 〈한글킹제임스성경〉이나 개역개정판이나 별반 다를 게 없는 것이다.

그리스도인들이 경주자로서 지켜야 할 유일한 규칙(딤후 2:5)은 오직 성경이다. 성경이야말로 그리스도인의 믿음과 실행에 있어서 최종 권위이다. 이 성경을 존중하지 않거나 자의적으로 고치는 사람에게는 그리스도의 심판석에서 받을 상급과 유업은커녕, 오직 부끄러운 구원만이 있을 뿐이다(고전 3장). 『**이는 그가 교회를 말씀에 의한 물로 씻어 거룩하게 하시고 깨끗게 하사 자기 앞에 영광스러운 교회로 나타내서 점이나 주름진 것이나 또는 그러한 것들이 없이 거룩하고 흠 없게 하려 하심이니라**』(엡 5:26,27). 『**이 닦아 놓은 기초 외에 아무도 다른 기초를 놓을 수 없나니 이 기초는 예수 그리스도시라**』(고전 3:11).

■ 새롭게 깨달았거나 적용할 내용이 있다면 적어 보세요. ■

제6과
복습문제

1. "교회"는 주 예수 그리스도의 복음을 믿고 구원받은 그리스도인들이 모인 "지역교회"만을 의미하는 용어다. (O , X)

2. 그리스도인은 복음을 전파하며 그리스도의 (   )로서 임무를 수행한다(고후 5:20).

3. 『그러므로 누구든지 (   ) 안에 있으면 새로운 피조물이라. 옛 것들은 지나갔으니, 보라, 모든 것이 새롭게 되었도다』(고후 5:17).

4. 하나님의 말씀을 (   ), 생수, 꿀, 사과, 빵, (   )로 부른다.

5. 하나님의 말씀인 성경은 그리스도인의 믿음과 실행에 있어서 최종권위이다. (O , X)

■ 복습 문제의 정답은 홈페이지(www.solomonbtc.org)에서 확인할 수 있습니다.

NOTES

NOTES

복습 문제 정답

제1과

1. 정부, 보좌
2. X
3. 의, 기쁨
4. O
5. 영원한, 왕국

제2과

1. 부활, 통치
2. 혼인식
3. X
4. X
5. X

제3과

1. 전쟁
2. O
3. X
4. X
5. X

제4과

1. 교회
2. X
3. 유대인, 이방인
4. X
5. 한 순결한 처녀

제5과

1. X
2. O
3. 라오디케아인들의 교회 시대
4. 죽은 자들, 살아남아, 끌려
5. 그리스도의 심판석

제6과

1. X
2. 대사
3. 그리스도
4. 젖, 고기
5. O

< 추 천 도 서 >

세대적 진리

클라렌스 라킨 지음 / 322쪽
32,000원

1920년에 출간된 이 책은 세대주의 연구의 기초가 되는 책으로 클라렌스 라킨의 역작이며, 성경을 연구하는 모든 그리스도인들의 필독서이다.

열린 성경 닫힌 마음

이송오 목사 지음 / 216쪽
7,000원(eBook 4,900원)

이 책은 성경에 대해 닫혀 있는 눈과 마음을 진리에 눈뜨게 해 주며, 성경을 왜 나누어서 공부해야 하고 어떻게 나누어 볼 수 있는지 알게 해 준다.

하나님의 나라와 천국

피터 S. 럭크만 지음 / 280쪽
12,000원(eBook 4,900원))

이 책은 이 땅에 세워질 이상적인 왕국과 관련한 모든 문제에 답하면서 성경 전체의 주제인 왕국의 흐름과 완성을 자세히 설명한다.

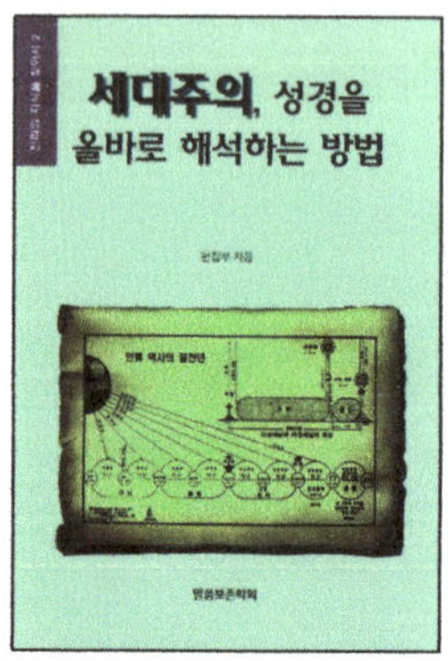

세대주의, 성경을 올바로 해석하는 방법

편집부 지음 / 80쪽 /1,800원(eBook 1,200원)

왜 똑같은 성경에서 여러 해석이 나오는 것인가? 어떤 해석이 올바른 해석인가? 이 책은 성경을 어떻게 읽고 해석할 것인가에 대한 정확한 답변을 제시한다.

솔로몬 성경공부 시리즈

세대주의

"하나님의 왕국"과 "하나님의 교회"

초판1쇄 2022년 4월 15일
초판2쇄 2022년 5월 27일
지 은 이 / 편 집 부
발 행 인 / 박 승 용
발 행 처 / 말씀보존학회
출판등록 / 1988. 12. 12. 제16-223호
주 소 / 서울 강서우체국 사서함 제90호
전 화 / (02) 2665 - 3743
팩 스 / (02) 2665 - 3302
인 터 넷 / www.biblemaster.co.kr

값 10,000 원